少林秘传绝技丛书

少林南派技击秘传

邓方华　编著

人民体育出版社

图书在版编目(CIP)数据

少林南派技击秘传 / 邓方华编著
. -北京：人民体育出版社，2019
(少林秘传绝技丛书)
ISBN 978-7-5009-5580-1

Ⅰ. ①少… Ⅱ. ①邓… Ⅲ. ①少林拳-基本知识
Ⅳ. ①G852.15

中国版本图书馆 CIP 数据核字（2019）第 100470 号

*

人民体育出版社出版发行
中国铁道出版社印刷厂印刷
新 华 书 店 经 销

*

880×1230 32 开本 7.125 印张 162 千字
2019 年 9 月第 1 版 2019 年 9 月第 1 次印刷
印数：1—4,000 册

*

ISBN 978-7-5009-5580-1
定价：31.00 元

社址：北京市东城区体育馆路 8 号（天坛公园东门）
电话：67151482（发行部） 邮编：100061
传真：67151483 邮购：67118491
网址：www.sportspublish.cn

丛书插图制作

（排名不分先后）

邓方华	高　翔	凌　召
潘祝超	谢静超	赵爱民
黄守献	王松峰	李贡群
高　绅	黄冠杰	黄婷婷

总　序

2017年1月25日，中共中央办公厅、国务院办公厅印发了《关于实施中华优秀传统文化传承发展工程的意见》（以下简称《意见》），并发出通知，要求各地区各部门结合实际认真贯彻落实，体现了党和政府对中华优秀传统文化的重视。

在国民教育方面，《意见》提出：加强中华优秀传统文化相关学科建设，重视保护和发展具有重要文化价值和传承意义的“绝学”、冷门学科。在保护传承文化遗产方面，《意见》提出：推动民族传统体育项目的整理研究和保护传承。

中华武术有着几千年发展的历史，是中华民族在社会实践中创造的宝贵财富，是中华文化的重要组成部分。少林武术作为中华传统武术的优秀代表，其秘传绝技与武学秘籍一直是武术爱好者竞相学习和研究的对象。目前在国家的重视下，少林武术发展形势良好，但也存在可供学习的少林武术书籍相对较少的问题，因此，需要对少林武术的相关技艺进行整理出版，使中华武术进一步发扬光大。

《少林秘传绝技丛书》应运而生。本系列丛书依据“健康第一”的教育理念和“便于传承与发展”的要求，邀请有关专家参与编写，披露了少林武术的多种秘法绝艺。先期出版的有《少林点穴绝技》《少林擒拿绝技》《少林擒跌绝技》《少林短打绝技》《少林腿法绝技》《少林古传擒拿与点穴》《少林古传技击术》《少林八段锦古传秘功》《少林易筋经古传秘功》等12本，后续还会出版相关系列图书。这套丛书既可作为武术爱好者学习研究的参考用书，也可作为各级各类武术教员的教学用书。

本系列丛书注重图文并茂，避免抽象化和纯理论化，意在提高现代武术爱好者的学习兴趣；立足于理论联系实际，突出学以致用要则；力求简洁明晰，便于阅读，便于练习。当然，不足之处在所难免，欢迎读者批评指正，以利今后进一步充实与完善。

内容提要

1. 武术有语所谓“南北少林”。南少林寺据考在清初毁于战乱，现已在福建莆田九莲山下重建。南少林由嵩山少林衍派而来，是少林武术南派的发祥地，留下了独具特色的南少林拳。据传，南少林拳源起于明代一贯禅师（待考）：从觉远上人苦练，功夫出众，后随之南游，内外兼得，门徒甚众，名震一时。

2. 洪拳，也称“洪家拳”，为正宗南少林拳一大分支，被誉为“岭南五拳（洪刘蔡李莫）”之首，流传很广，影响很大。洪拳高手辈出，如洪熙官、方世玉、铁桥三、黄飞鸿等，每一位都名震一时，他们的故事多被拍成影视，留下了很多动人的武术传说。

3. 刘拳，也称“刘家拳”，曾排列“岭南五拳”第二位，是优秀的传统武术文化遗产。刘家拳是技击性较强的拳种，重“灵”重“快”，“蟛蜞(蜘蛛)爪、虾公(雄虾)腰”，“进似追风箭，退似雷电闪，走步须灵活，出手似云烟”。

4. 蔡拳，也名“蔡家拳”，“洪拳讲桥马，蔡拳讲快打”。蔡家拳以快为主，快速灵巧、敏捷多变，消身借力、因势利导、闪化巧取，以巧取胜、不以力争，暗中出手、突然袭击，势势相连、招招相连，起势猛烈，犹如暴风骤雨一般。

5. 李拳，又称“李家拳”，其主要特点:长桥大马，侧身侧步，质朴刚劲，手法多变，擅用腿法。技击要求：沉实稳固，蓄劲充沛，出手迅猛，力点准确。

6. 莫拳，又称“莫家拳”。此拳具有鲜明的岭南特色和朴实大方的南拳风格，“拳行如虎势，脚踢似龙威，身灵步活力，长短劲俱齐”；并以腿法著称，所谓“一腿胜三拳，手长尺七，脚长三尺，放长攻出，凌空飞踢，拳重百两，脚重千斤力”。

7. 蔡李佛，中国南少林著名拳种，兼具三家之长。“佛”家，擅长掌法，攻防多用掌，长短桥结合，左右并用。“李”家，偏重长桥大马与偏身侧马，直臂挥舞，步稳架大，势雄力猛。“蔡”家，技法较全面，多桥并用，两手并用，腿法凌厉，攻防严谨，招打连环。

8. 鹤拳，原称“白鹤拳”，我国南派优秀拳术，历史悠久，拳理精辟，技法丰富，博大精深。至清末，鹤拳因传人的不同、体悟的更新，理论与技法等渐渐发生了变化。至今，形成了几大鹤拳流派，如纵鹤拳、飞鹤拳、鸣鹤拳、宿鹤拳、食鹤拳等。

9. 侠拳，也叫“侠家拳”，广东“十三名拳”之一。侠拳拳法，气势威猛，大开大合，长桥大马，多用直桥，擅发抛劲。侠拳主要技击特点：以攻为主，抢机夺势，先发制人，拳脚并用，长驱直入。

10. 龙形拳，广东省著名地方传统拳术，南少林拳派之一种。其进步疾如风，落步如铁扆，出手如钢刀；动如猛虎出林，退如灵猫伺鼠，势若游龙攀云，以独特的硬朗功劲而著称武林。

11. 白眉拳，发祥于河南嵩山少林寺，20世纪初由法云禅师传给俗家弟子张礼泉，从此使这派武功广传出去，成为南派名门。此拳技法独特，简练实用，内外兼修，刚柔相济，拳功一体，它含括了"三形、四标、五向、五行、六合、六劲、八式"等要诀。

12. 五祖拳，又称"五祖鹤阳拳"，福建传统武术一大流派。此拳风格古朴，技法精简，不尚花拳绣腿，出击直截了当，出手迅猛有力，技击性很强，世人赞为："拳打八法，矫似神龙戏水；脚踢四门，捷如猛虎翻山。"

13.“工字伏虎拳，以步武进退成‘工’字形，故名之。工字伏虎，腰马稳健，桥手刚劲，法门紧密，进退有规。恒久练习，不必站马而腰马自坚，不必打桩而桥手自劲，基础既固，则习其他拳术武器，自易精纯。凡入洪门者，必先习此”。

14.“其硬如铁，其柔似线，故名之为‘铁线拳’。铁线一拳，以气生力，逼硬桥手，由柔致刚，独门内功秘传也。以意运气，以气发声，以声催力，逼生硬功。修习日久，则由内及外，内功外发，桥手若铁，一旦触人，雷打电击”。

15.“虎鹤双形，洪拳不传之秘也。其虎先者，以刚攻柔，若猛虎下山，势不可挡；以力吃弱，若饿虎扑食，一击必杀。其鹤协者，以弱反强，若鹤锐袭米，出奇制胜；以密破凶，若鹤翅抖水，一碰击落。皆极尽神化之妙也”。

16.咏春拳，也称“泳春拳”“永春拳”，广东“十三名拳”之一。咏春主要有小念头、寻桥、标指三套拳，柔化刚发，灵敏善变，立足实战，技击性强。“出拳快捷如闪电，密如雨点击连环；擅发寸劲有弹性，一招制敌敌胆寒”。

目 录

第八章 侠拳技击术（七势）/ 86

第九章 龙形拳技击术（六势）/ 96

第十二章 工字伏虎拳技击术（八势） / 132

第十三章 铁线拳技击术（八势） / 146

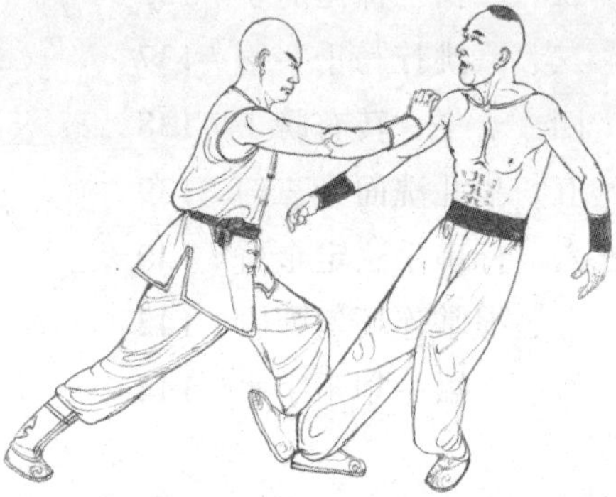

第一章

洪拳技击术（八势）

洪拳，也称“洪家拳”，为正宗南少林拳一大分支，被誉为“岭南五拳（洪拳、刘拳、蔡拳、李拳、莫拳）”之首，流传很广，影响很大。

洪拳高手辈出，如洪熙官、方世玉、铁桥三、黄飞鸿等，每一位都名震一时，他们的故事多被拍成影视，留下了很多动人的武术传说。

关于洪拳来历，历来说法不一，至今尚无定论。主要说法为：清初，南宗少林高僧至善禅师的俗家高足洪熙官，召集很多武林高手，以福建少林寺为基地，苦练武艺，蓄谋抗清。据近年于福建省莆田地区发现的《南少林流派拳谱》载，从康熙十一年(1672年）开始，清廷多次派兵围剿。洪凭借武功，几次逃过追杀，随后潜迹南粤，隐姓埋名，秘传“洪拳”，培训武士。因洪熙官开宗创派，即被尊为洪拳之祖。

洪拳动作，浑厚朴实，攻守严谨，因势发声，以声助力。主要特点为“长桥大马，铜桥铁马”，桥手刚劲，威猛难挡；马势坚固，威武雄壮。

洪拳技击，有十大原则：以防为主，攻防交织；挑劈护中，闪穿封截；正面突破，长短结合；连环进击，偏门巧入；以刚为主，刚柔相济。

洪拳历史悠久，传人众多，其技法传承因此也变异较多，本章选择洪拳典型招法，举例解析而供同道参考。

一、脱手劈掌

【实战举例】

1. 敌右进步，右拳击打我面部。我后挪步沉身变半马，左掌向前上挑格敌右前臂内侧，向外用力阻截敌拳攻击。（图1–1）

图1–1

图1–2

2. 随即，我右掌插击敌咽喉。敌右脚退步，同时，左拳向前下划弧，用左前臂向左下侧格压我右前臂，将我攻击掌化解。（图1–2）

3. 我右脚跟上半步，成左吊马，同时，左掌从右腕下向前穿出，用掌背格化敌左前臂。（图1–3）

4. 动作不停，我右腿向前上步前弓，同时，右掌劈击敌后颈，将敌重创。（图1–4）

图1–3

图1–4

二、挑插标指

【实战举例】

1. 敌右进步，左拳击打我面部。我左脚迅疾撤退一步，右掌向前上挑，用右前臂内侧格敌左腕内侧，将其左拳攻击力化开。（图1–5）

图1–5

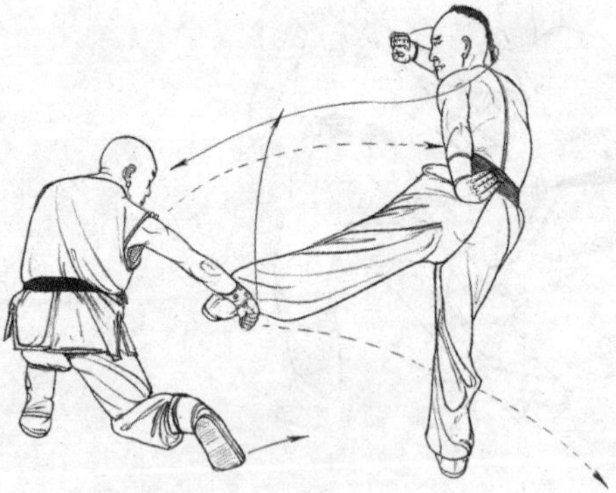

图1–6

2. 随即，敌左脚勾踢我右小腿。我左脚迅疾收腿，同时，右腿向下沉跪，右手下抄，用腕背抄击敌左脚后跟。（图1–6）

3. 动作不停，敌左脚迅疾向右落步，右转身，右拳向右挂击我头部。我右脚向前踏进一步，右手向上挑格敌右臂之际，左掌标指插击敌右肋。（图1–7）

图1–7

三、标扫挑打

【实战举例】

1. 我左脚前移步之际，右脚撩踢敌裆部。敌左脚向后撤退一步，左旋身右膝跪地，同时，右掌直臂向下抡挂我右脚后跟，将我攻击腿化解。（图1–8）

图1–8

2. 随即，敌起身右旋，右掌向前标撞，攻击我面部。我顺势将右脚踏落，沉身坐马，同时，右拳向前标撞，用右腕内侧格挡敌右腕外侧，阻截敌掌攻击。（图1-9）

图1-9

3. 接着，敌右拳内旋与左拳一起经上向左下扫我腰腹部。我右拳迅疾下扫，防开敌拳。（图1-10）

图1-10

4．动作不停，敌右拳向上挂击我头部。我右拳外旋向右上方挑格，同时，左拳冲击敌右肋部而重创之。（图1-11）

图1-11

四、正马横肘

【实战举例】

1. 敌左脚上步进身，右掌标插我面部。我迅疾后滑步，同时，右拳上提裹臂，格挡敌右前臂内侧，将敌拳攻击力化解。（图1-12）

图1-12

2. 随即，敌右掌旋腕抓我右腕。我右拳向下撤收，左掌向前按压敌右腕背，推落敌右拳。（图1–13）

图1–13

3. 接着，敌右旋身，左拳冲出，击打我胸部。我左掌迅疾旋转上挑，格挡敌左前臂外侧。（图1–14）

图1–14

4. 动作不停，我左掌旋腕扣指抓住敌左腕，同时，右脚上进一步，左转身，右臂屈肘横击敌左肋后侧，将敌重击扑出。（图1–15）

图1–15

五、箭马攻桥

【实战举例】

1. 敌左脚上步进身，左拳挂击我面部。我右脚迅疾后撤一步，右拳上提，内裹格敌左前臂外侧，将敌拳攻击力化开。（图1–16）

图1–16

2. 随即，敌跳换步，右掌向我头顶劈击。我不退反进，左脚上进步，同时，右拳变掌上架敌右前臂，左掌前切敌腹部。（图1–17）

图1–17

图1–18

3. 动作不停，我左膝前弓，身体前倾之际，左臂屈肘前撞敌右肋部，以攻桥发力重创敌肋。（图1–18）

六、绊马推掌

【实战举例】

1. 敌滑步进身，右掌推击我面部。我左脚撤退一步，沉身成右虚步；同时，左掌旋转前托，左腕内侧格挡敌右腕内侧，向外发力，化解敌掌攻击。（图1-19）

图1-19

2. 随即，我右脚上步，落于敌右腿外侧后方绊住；同时，右掌前伸卡住敌咽喉，发劲推搡而重创之。（图1-20）

图1-20

七、顶肘撞拳

【实战举例】

1. 我滑步进身，右掌标插敌面部。敌后移步，上穿右掌拦格我右腕外侧，阻截我右掌攻击。（图1–21）

图1–21

2. 随即，敌右掌外旋压落我右掌，同时，左掌击打我面部。我左臂迅疾上抬，架格敌左掌棱，阻截敌攻击。（图1–22）

图1–22

3. 接着，我右脚上步于敌左脚跟后侧绊住，同时，左掌托住敌左臂，右臂屈肘，随之进身顶撞敌腹部左侧。（图1-23）

图1-23

图1-24

4. 动作不停，我左腿挺膝蹬伸，右弓步，右拳上翻撞击敌面部，致其重创。（图1-24）

八、缠手截肘

【实战举例】

1. 我滑步进身，右掌向前反背击打敌面部。敌后滑步沉身之际，左掌上挑，格挡我右腕内侧，向外划劲，阻截我攻击。（图1–25）

图1–25

图1–26

2. 随即，我左掌迅疾向敌面部推出。敌右腿蹬伸，前倾身，伸出右掌用右前臂格我左前臂内侧。（图1–26）

3. 接着，敌两掌顺着我两臂内侧向前推出，攻击我胸部。我迅疾吞胸，两掌臂右推左收内剪劲敌双臂，阻截敌双掌前推击。（图1–27）

4. 动作不停，我右脚进步于敌左脚跟后侧绊住，同时，左掌屈肘向右、向下绕行，左腕前屈，缠扣敌左腕部，右掌外旋屈肘向前，截击敌左臂，致其骨折。（图1–28）

图1–27

图1–28

第二章

刘拳技击术（八势）

刘拳，广东洪、刘、蔡、李、莫五大名拳之一，曾排列第二位，是优秀的传统武术文化遗产。

刘拳相关渊源，有三种说法：一说为乾隆年间少林高手刘生所创；二说为刘三眼；三说为刘青山。他们都是湛江人氏，同是刘姓，故又名“刘家拳”。

刘家拳是技击性较强的拳种，重“灵”重“快”，“蟾蝣(蜘蛛)爪、虾公(雄虾)腰”，“进似追风箭，退似雷电闪，走步须灵活，出手似云烟”。贴身短打，短桥短马，擅发短劲，短小精悍；步法灵活，功力硬朗，上下横截，前突后闪，连消带打。

一、仙人摘茄

【实战举例】

1. 敌前滑步进身，左拳击打我胸部。我迅疾将左脚向后撤退一步，同时，右掌上提向里拨开敌左拳。（图2-1）

图2-1

图2-2

2. 随即，敌紧跟冲出右拳，击打我腹部。我迅疾收右掌，左掌上提略右旋，向右按压敌右腕背外侧，并向右下侧推格。（图2-2）

3．敌随之用左手豹拳击打我面部。我迅疾将左掌上架，托住敌左腕下侧。（图2–3）

图2–3

图2–4

4．动作不停，我右脚前移步，同时，右手向前下抓击敌裆部，随即旋拧向后拽扯，致其重创。（图2–4）

二、二龙争珠

【实战举例】

1. 敌前滑步进身，右拳击打我面部。我左脚向后撤退一步，沉身成右吊马步，同时，左掌向前穿出，拦格敌右腕内侧，阻截敌拳攻击。（图2–5）

图2–5

2. 敌随之冲出左拳，击打我下颌。我左脚后退一步，左旋身成横裆步，同时，右臂屈肘竖立向里横截，格敌左前臂外侧，并向前下压劲。（图2–6）

图2–6

3. 动作不停，左腿迅速蹬挺，上体右旋，右前臂压住敌左前臂向前上推，右手食、中二指戳击敌眼；同时，左掌插击敌裆部，上下齐攻，致其重创。（图2–7）

图2–7

三、一围手

【实战举例】

1. 敌滑步进身，左拳击打我面部。我迅疾将左脚向后撤退一步，同时，右手上挑，拦格敌左腕内侧，阻截敌拳攻击。（图2–8）

图2–8

2. 敌紧随将右拳冲出，击打我胸部。我重心移于左腿，右脚悬提脚跟，脚前掌虚点地面；同时，右掌向下经里向右穿出，拦拿敌右肘外侧。（图2-9）

图2-9

3. 接着，我右脚绕过敌右脚外侧，落于敌右脚后跟绊住，同时，右掌拿住敌右肘向其左侧推送。（图2-10）

图2-10

4. 随之，左手助力，按住敌右肘，右掌下移按其右腕。（图2-11）

图2-11

5. 动作不停，右掌伸向敌左肩上，用右前臂内侧抵住敌颈部。（图2-12）

图2-12

6. 吐气发力，左转体，右臂向左圈拦，将敌跌倒在地。（图2-13）

图2-13

四、豹拳

【实战举例】

1. 敌上右步进身，左拳击打我面部。我迅疾后滑步，成左吊马，同时，左豹拳向右经上向左绕行，拦格敌左腕外侧。（图2-14）

图2-14

2. 敌下收左拳之际，右拳冲出，击打我面部。我右拳经上向右划弧，格住敌右拳背外侧，同时，左拳屈肘置于头部左前方。（图2–15）

图2–15

3. 动作不停，我左脚前进半步，踏入敌中门；同时，右手压住敌右臂向其腹部推去，左豹拳击打敌右侧太阳穴，将敌重创。（图2–16）

图2–16

五、蛇形手

【实战举例】

图2-17

1. 敌右脚跨步进身，左拳击打我胸部。我迅疾将左脚向后撤退一步，左倾身避敌拳锋芒之际，两掌变蛇形手，屈肘经右向前横截，搭住敌左前臂，化解其攻势。（图2-17）

图2-18

2. 敌随之冲出右拳，击打我面部。我迅疾将右脚收半步，吞身；同时，右蛇形手经前向上划弧，从敌右臂外侧搭住敌右腕，并向右推送。（图2-18）

3. 动作不停，我右脚前移步，左腿蹬伸挺膝；同时，右手向下按住敌右前臂，以封其手，随即，左蛇形手插击敌目，将其重创。（图2-19）

图2-19

六、鹤嘴手

【实战举例】

图2-20

1. 敌右脚向前跨步进身的同时，左掌标插我面部。我迅疾将左脚向后撤退一步，收右脚成右吊马；同时，右鹤嘴手（钩）经上向外格敌左腕内侧，左手护于右肋前侧。（图2-20）

2. 敌紧跟插出右掌，攻击我面部。我上体右旋，同时，左鹤嘴手经左向上、向里绕行，扣住敌右腕。（图2–21）

图2–21

图2–22

3. 动作不停，我左鹤嘴手继续向前下方压去并封住敌左手，同时，进右步，右鹤嘴手经上向前，啄击敌左眼，将敌重创。（图2–22）

七、白鹤展翼

【实战举例】

1. 敌右脚向前跨步进身，右掌标插我面部。我左脚迅疾向后撤退一步，右脚收步成右吊马，同时，左手里拨变钩，扣住敌右腕。（图2-23）

图2-23

图2-24

2. 敌随即插出左掌，攻击我面部。我上体左转，左钩手经上向右划弧扣住敌左腕，再向下、向左拨开敌左手。（图2-24）

3. 敌再度插出右掌，攻击我腹部。我迅速提起右膝，身体向左转，同时，右掌向右后伸摆，以防开敌右插掌，左钩变掌顺势伸向左上方。（图2-25）

图2-25

图2-26

4. 随之，敌左掌又插向我腰背部。我右脚向左落步，身体迅速向左后转身（约270°），左脚进半步，同时，左掌屈臂变钩并随转体向左拨开敌左手，右掌上举架于头右侧。（图2-26）

5. 动作不停，我左钩手再向外拨开敌左臂，并封挡其右手；同时，右掌向前勾腕插击敌左耳根，致其重创。（图2-27）

图2-27

八、叶底偷桃

【实战举例】

1. 敌右脚跨步进身，右拳击打我胸部。我左脚迅疾撤退一步，收右脚成吊马步；同时，左掌从左向右、向下拨按敌右腕外侧，阻截敌拳攻击。（图2-28）

图2-28

2. 敌右脚收回，左脚前进一步，右转体，左拳击打我面部。我左掌向右前上穿出，用左前臂抵住敌右前臂，化解敌拳攻击之际，旋腕扣指拿住敌左肘上部。（图2-29）

图2-29

3. 随即，我右脚前进半步，左转体，右手从敌身后两腿间向前插过，随即用右前臂托住敌臀部，左掌将敌左臂向上托架。（图2-30）

图2-30

4. 动作不停，我猛然将双腿蹬直立起，同时，左手扣住敌左肘向左下拉，右手握住敌下阴部用力上提，将敌掀空而重创。（图2-31）

图2-31

第三章

蔡拳技击术（四势）

蔡拳，也名“蔡家拳”，相传为乾隆年间少林高手蔡九仪所传。

尊我斋主人在《少林拳术秘诀》中记载：“粤中之少林术，传之于蔡九仪。蔡为一贯高足，返粤后，杜门家居，并不以技术显，人亦无有知之者。盖蔡本粤之高要人，崇祯时以武科起家，为洪经略承畴之军令承宣官。后以洪降满，遁匿于少林寺中，受技于一贯禅师，最长于超距术，且精腿击法。与人搏，能腾身飞跃于丈寻以外，疾如鹰隼，令人不易防备。后年老，欲传其术，遂择子侄辈及戚友中之佳子弟，朝夕授之。”

“洪拳讲桥马，蔡拳讲快打”。蔡家拳以快为主，快速灵巧，敏捷多变；消身借力，因势利导，闪化巧取；不以力争，暗中出手，突然袭击；势势相连，招招相连，犹如疾风骤雨一般。

另有一说，蔡家拳乃清朝乾隆初年番禺蔡展光所传，蔡是少林至善禅师高徒。

一、将军带马

【实战举例】

1. 敌右垫步进身，左踹腿攻击我腹部。我迅疾后滑步，右偏身之际，左拳下插外拦，以左前臂外侧拦格敌左小腿后侧。（图3-1）

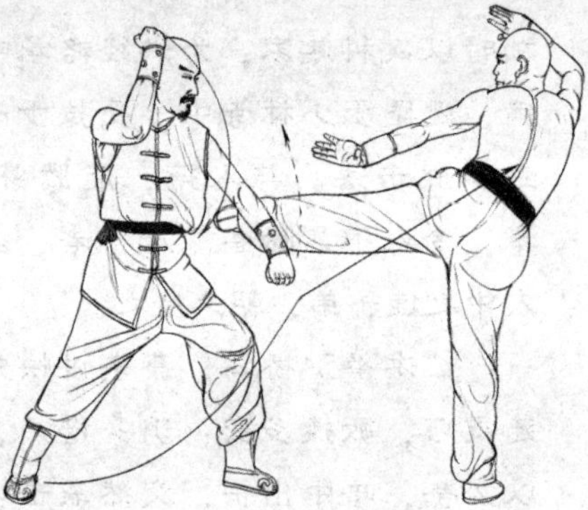

图3-1

图3-2

2. 随即，我左臂向外化力，使敌上体右旋之际，右腿以脚跟为力点，蹬击敌左腰（肾腧穴）部。（图3-2）

3. 动作不停，我右脚顺势向前踏落，左腿蹬伸送力，右臂屈肘向前横扫，击打敌后颈部，将其重创跌扑。（图3–3）

图3–3

二、月里藏花

【实战举例】

1. 敌右脚向前跨步进身，右拳击打我胸部。我迅疾收左脚，蹲身成左吊马，同时，右掌于胸前用掌心阻截敌右拳外缘，左掌前托敌右肘部下侧，阻截敌拳攻击。（图3–4）

图3–4

2. 随即，我左脚向前一步，插入敌右脚跟内侧后，小腿后侧抵住敌小腿内侧，同时，右转体沉身，左掌向前斜下插出，直击敌裆部。（图3–5）

3. 动作不停，敌凹腹藏裆低头躲避之际，我迅疾左转体，右脚进步，右拳冲击敌下颌，致其重创。（图3–6）

图3–5

图3–6

三、流星赶月

【实战举例】

1. 我左脚前移步之际，右脚向前勾踢敌左脚后跟部。敌抬腿避过。（图3-7）

图3-7

2. 随即，我右脚向前落地，右转体之际，左脚向前勾踢敌右脚后跟部。敌收腿左脚落步，右脚不及躲避，被我踢离地面。（图3-8）

图3-8

3. 动作不停，我趁敌重心失衡之际，左脚迅疾落步进身，右腿正蹬而出，以脚跟蹬踢敌胸腹，将其蹬倒在地。（图3-9）

图3-9

四、迎风摆柳

【实战举例】

1. 敌滑步进身，左拳击打我面部。我迅疾将左脚向后撤退一步，重心后移成右吊马；同时，左拳向前上提，用左前臂内侧格挡敌左前臂外侧，化解敌拳攻击。（图3-10）

图3-10

2. 随即，我右脚跟落地，左脚向前跨进一步，同时，左拳向外下压敌左臂，右拳变掌向前劈击敌左颈侧。（图3-11）

3. 动作不停，我右脚抢上一步，右掌转腕划弧变豹拳，用拳凸撞击敌左侧太阳穴，将敌重创。（图3-12）

图3-11

图3-12

第四章

李拳技击术（五势）

李拳，又称“李家拳”，其主要特点:长桥大马，侧身侧步，质朴刚劲，手法多变，擅用腿法。技击要求：沉实稳固，蓄劲充沛，出手迅猛，力点准确。

其拳诀曰：“奇肘卅六有谁知，出挫沉缠捆最宜；剪切盘滫成妙用，穿栏拱折护相施；尖横下反兜归后，顿揭连攻腕在前；纂伏低寻高割就，平钩扫脚势难移；尖桥宜用连肘法，巧妙功夫在顿肘；我桥在上宜顿打，我桥在下用缠攻。”本章介绍其流行招法。

关于李拳渊源，一说为清乾隆年间惠州李义所创，李幼年随父习拳，又去罗浮山向玉龙禅师学艺，后拜北方拳师陈苟息为师；此派即“惠州李家拳”。另一说法为，广东“新会李友山习拳棒，少林派也。游都门，在豫邸数年”，又“诣普陀寺僧，号铁禅，以技击著名。李大喜，留居山门三载，尽其技”，后开创“李家拳”，即“新会李家拳”。

一、巡门捶

【实战举例】

1. 敌右脚向前跨步，沉身坐马，右拳击打我胸部。我迅疾后滑步躲避敌拳锋芒之际，沉身坐马，左掌向前、向外划，拦格敌右前臂内侧，阻截敌拳攻击。（图4-1）

图4-1

2. 随即，我左手贴住敌右臂向左后划带，右脚上步于敌中门，同时，右拳向前劈砸敌面部。（图4-2）

图4-2

图4-3

3. 动作不停，我右拳后收，上体右旋之际，左拳再度劈砸敌面部，以连续两记巡门捶砸击，将敌重创。（图4-3）

二、箭捶

【实战举例】

1. 敌左脚前移步，右脚向前跨步进身，右拳击打我面部。我迅疾后滑步，沉身成左半马步；同时，右拳向前提、向左裹，格挡敌右前臂内侧，将敌拳攻击化解。（图4-4）

图4-4

2. 随即，我左步前移，沉身成马步；同时，左拳冲击敌胸口。（图4–5）

3. 动作不停，右脚向前跨步，踏入敌中门；同时，出右拳再度冲击敌胸部，以两度箭捶重创敌方。（图4–6）

图4–5

图4–6

三、扣捶

【实战举例】

1. 敌左脚前移，右脚向前跨步进身，左拳插击我腹部。我迅疾将左脚向后撤退一步，沉身成马步之际，右拳直臂下插，拦格敌左前臂内侧，向外化开敌拳攻击。（图4–7）

图4–7

2. 随即，我右脚上步于敌左脚后跟外侧绊住，同时，右拳上翻，撞击敌下颌。（图4–8）

图4–8

3. 动作不停，我右脚退一步，左步迅疾上进，脚尖点地；同时，左拳向前上撞敌下颌，两度重击，将敌重创。（图4-9）

图4-9

四、哨捶

【实战举例】

1. 敌左脚前移，右脚向前跨步进身；同时，右拳向前挂击我面部。我后滑步沉身躲避敌拳锋芒之际，左拳上翻外旋，拦格敌右前臂内侧，阻截敌拳攻击。（图4-10）

图4-10

2. 随即，我右脚向前上步，同时，右拳勾击敌胃脘部。敌右脚收步，左臂向前下压，阻截我右前臂内侧。（图4–11）

3. 接着，敌右拳反背挂击我面部。我右脚迅速撤退一步，左拳向前上提，格拦敌右前臂内侧，再度化解敌拳挂击。（图4–12）

图4–11

图4–12

图4-13

4．动作不停，我左脚向前一步，右腿蹬伸之际，左拳下落，迅疾向前弧形贯击敌头部右侧太阳穴。（图4-13）

五、飞帘脚

【实战举例】

1．敌右脚跨步，进身成马步之际，右拳插击我腹部。我迅疾将左脚向后撤退一步，沉身下坐，右拳向前下击打敌右前臂内侧，阻截敌拳攻击。（图4-14）

图4-14

2. 随即，我重心移于右腿，左脚向前踩踏敌右膝盖。（图4–15）

3. 动作不停，左脚向后落步，提起右脚向前再度踩踏敌右膝盖，致敌右膝损折。（图4–16）

图4–15

图4–16

第五章

莫拳技击术（六势）

莫拳，又称“莫家拳”，据传创自广东惠州莫达士。莫达士以武名世，在清朝初年的动荡时期，组民团以保境，举梅州乡进士(《莫氏家谱》及祠堂神主牌记为“保境义士举梅州乡进士”)。莫曾学艺少林，后返火岗村，全村皆为莫氏族人，他们相互传习，就此开宗立派，称为“发源地火岗村莫家拳”。

莫家拳发于防身、立于健身、搏于赛场、习于日常、载于武艺、归于武德，又称“六度阴阳掌”。此拳具有鲜明的岭南特色和朴实大方的南拳风格，“拳行如虎势，脚踢似龙威，身灵步活力，长短劲俱齐”；并以腿法著称，所谓“一腿胜三拳，手长尺七，脚长三尺，放长攻击，凌空飞踢。拳重百斤力，脚重千斤力。”

一、侧身腿

【实战举例】

1. 敌左脚前移步，右脚向前跨步进身，同时，右拳击打我面部。我迅疾后滑步，沉身下坐成半马步，避敌拳锋芒之际，左掌上挑，格挡敌右前臂内侧。（图5-1）

图5-1

图5-2

2. 随即，我右垫步，左脚提起踹击敌右肋部，致敌重创。（图5-2）

二、后蹬腿

图5–3

【实战举例】

1. 敌左脚前移步之际，右腿提起向前勾踢我左脚后跟部。我迅疾右旋身，左腿屈膝向右提起，避过敌腿勾踢。（图5–3）

2. 动作不停，我迅疾将左腿向后伸膝蹬出，以脚跟为力点蹬击敌右胸侧，将敌重创。（图5–4）

图5–4

三、穿心腿

【实战举例】

1. 敌右脚向前跨步进身，右拳击打我面部。我迅疾后滑步避敌锋芒之际，左手向上、向左外划拦格敌右腕内侧，将敌拳化解。（图5-5）

图5-5

2. 动作不停，我迅疾将右腿收膝入怀，随之伸膝蹬腿，以脚跟为力点蹬击敌心口，将敌重创跌出。（图5-6）

图5-6

四、钉腿

【实战举例】

1. 我滑步进身，左拳击打敌面部。敌向后撤步，躲避我左拳，同时，上挑右掌拦格我左腕外侧，阻截我拳击。（图5-7）

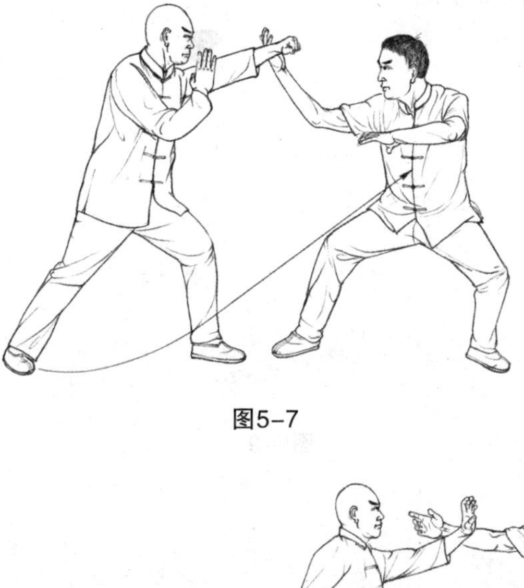

图5-7

2. 动作不停，我重心移向左腿，右脚尖向前弹踢敌腹部，致其重创。（图5-8）

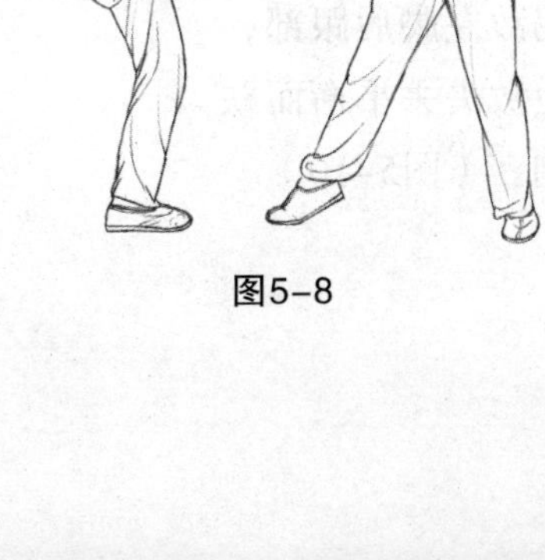

图5-8

五、钩镰腿

【实战举例】

1. 敌前滑步进身，左拳击打我面部。我迅疾后滑步，避敌拳锋芒之际，提起右掌用掌棱裹格敌左前臂，将敌左拳向左弹开。（图5–9）

图5–9

2. 动作不停，重心移至左脚，右脚向前擦地划弧勾踢敌左脚后跟部，使敌失去平衡而跌倒。（图5–10）

图5–10

六、虎尾腿

【实战举例】

1. 我右脚上步，突然沉身，两手扶地，左腿伸出，擦地横扫敌右脚跟。敌左脚后撤一步，右腿屈膝提起，避过我扫腿。（图5-11）

图5-11

2. 动作不停，我左脚擦地内收，上体右转，两手撑地推劲，同时，右腿向后上方蹬踢敌面部，将敌击跌而出。（图5-12）

图5-12

第六章

蔡李佛拳技击术（六势）

蔡李佛拳，中国南少林著名拳种之一，创始人陈享。

陈享（1806—1875），广东新会人，清朝晚期岭南武术界的传奇人物，杰出技击家。陈自幼习武，师从同族长辈陈远护（少林俗家弟子，镖师出身，曾师从广东肇庆鼎湖山庆云寺“洪佛拳”高手独杖禅师）；17岁，学习李家拳，师从李友山（铁禅大师高足，广东五大名拳之李家拳创始人）；22岁，上广东罗浮山白鹤观学拳，师从蔡福（即青草和尚，少林高手）。10年后艺成下山，新开一门，为报答三师培育之恩，命名为“蔡李佛”。

蔡李佛拳内容丰富，兼具三家之长。“佛”家，擅长掌法，攻防多用掌，长短桥结合，左右并用。“李”家，偏重长桥大马与偏身侧马，直臂挥舞，步稳架大，势雄力猛。“蔡”家，技法较全面，多桥并用，两手并用，腿法凌厉，攻防严谨，招打连环。

一、挂劈捶

【实战举例】

1. 我左脚前移步，右脚向前跨步进身，同时右拳向前以挂劈捶击打敌头面部。敌左脚向后撤一大步并后滑步，躲避我右拳劈挂锋芒之际，右拳上提，格挡我右前臂外侧。（图6-1）

图6-1

2. 动作不停，我左脚向前跨进一步，踏入敌中门；同时，左拳向前挂劈敌头面部，将敌重创跌地。（图6-2）

图6-2

二、抡扫捶

【实战举例】

1. 我前滑步进身，左拳冲击敌面部。敌左脚向后撤一大步，仰面避过。（图6-3）

图6-3

2. 我紧跟冲出右拳，击打敌面部。敌后滑半步，右拳上提，用右前臂内侧格挡我右腕内侧，阻截我右拳攻击。（图6-4）

3. 动作不停，我右拳猛收，右旋身之际，左拳向前横扫击打敌头部右侧，将其打扑而出。（图6-5）

图6-4

图6-5

三、挂挞捶

【实战举例】

1. 我左脚前移步，右脚向前跨步进身，同时，右拳向前翻挂击敌面部。敌后滑步，沉身坐马；同时，左拳上挑，用左腕外侧格挡我右腕内侧，阻截我挂捶击打。（图6–6）

图6–6

2. 接着，我左转身约360°；同时，左拳随转身反鞭击打敌后脑。（图6–7）

图6–7

3. 动作不停，我右转身约360°，随转身，右拳反鞭拳扫击敌面部，将敌扫翻跌出。（图6-8）

图6-8

四、挂捶扎脚

【实战举例】

1. 我滑步进身，同时，左拳向前弧形挂出，击打敌面部。敌后滑步躲避我左拳锋芒之际，右拳向前上提，用右前臂外侧格挡我左前臂内侧，阻截我挂击。（图6-9）

图6-9

2. 动作不停，我重心前移，右脚前扎，踩踏敌左膝，致敌重创。（图6-10）

图6-10

五、扫捶铲脚

【实战举例】

1. 我前滑步进身，同时，右拳向前横扫敌头面部。敌重心后移左腿之际，仰身避过我右拳扫击。（图6-11）

图6-11

2. 动作不停，我重心移于左腿，同时，右腿提起铲击敌腹部，将敌铲跌而出。（图6-12）

图6-12

六、扫脚拋捶

【实战举例】

1. 我左脚向前疾步进身之际，右脚向前勾扫敌左脚后跟部位。敌退右步，抬左脚避过。（图6-13）

图6-13

2. 动作不停，我迅疾将右脚落步，左转身约360° ；同时，左拳随转身甩臂鞭扻敌左侧后脑部，将其重创。（图6–14）

图6–14

第七章

鹤拳技击术（七势）

鹤拳，原称“白鹤拳”，作为我国南派的一种优秀拳术，历史悠久，拳理精辟，技法丰富，博大精深。

据传，鹤拳为清代康熙年间福建福宁方七娘所创。方自幼习武，后将鹤之寻食、飞鸣、宿立、击翅、跳跃等动作，融入其所练少林拳中，创立一门新技——白鹤拳。方与其弟子传播鹤拳，威震一时。

至清末，鹤拳因传人的不同、体悟的更新，理论与技法等渐渐发生了变化。至今，形成了几大鹤拳流派，纵鹤拳、飞鹤拳、鸣鹤拳、宿鹤拳、食鹤拳等。

本章选其通行实战招法与读者共研。

一、双枝朝阳

【实战举例】

1. 敌左脚前移步，右脚跨步进身，同时，右拳冲击我面部。我迅疾后滑步，躲避敌拳锋芒之际，双手上托，接住敌右前臂。（图7–1）

图7–1

图7–2

2. 随即，我左脚向左外侧摆一步，右脚向前划弧，从敌右脚外侧向右挂收步（割扫脚），使敌失衡之际，双掌向前推击敌胸部。（图7–2）

3. 动作不停，我左脚抢前一步，双掌转腕，插击敌咽喉，将敌重创。（图7–3）

图7–3

二、青龙出水

【实战举例】

1. 敌滑步进身，左拳击打我胸部。我迅疾后滑步之际，右掌摇手以右掌棱挂敌右腕背，同时，左鹤嘴手勾顶向前顶击敌咽喉。（图7–4）

图7–4

2. 随即，右掌穿出再度戳击敌咽喉。（图7–5）

图7–5

3. 动作不停，出左、右拳连环击打敌咽喉，将其重创。（图7-6、图7-7）

图7-6

图7-7

三、霸王开弓

【实战举例】

1. 我右拳击打敌胸部。敌伸出右手擒拿我右腕。（图7–8）

图7–8

图7–9

2. 我右臂迅速外旋回抽，同时，左前臂以尺骨侧向前削击敌右前臂，使其脱手。（图7–9）

3. 动作不停，我右拳迅疾冲出，击打敌咽喉，将其重创。（图7–10）

图7–10

四、白鹤冲天

【实战举例】

1. 敌滑步进身，双拳向我胸部冲击。我迅疾并双掌于胸前穿入敌两前臂之间，左右分格敌臂，阻截敌拳攻击。（图7–11）

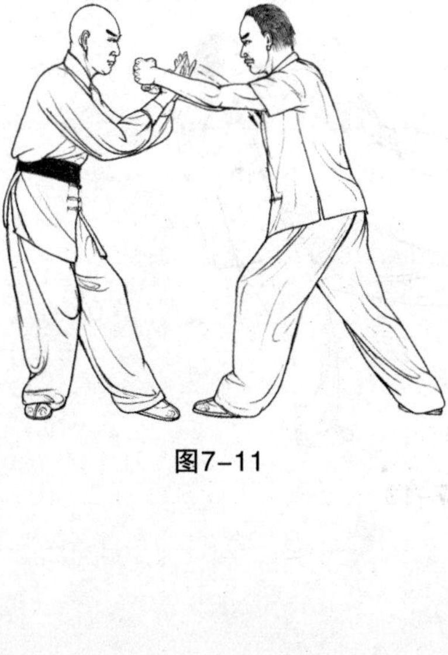

图7–11

2. 随即，我双掌向左右一分之际，转腕伸爪抓住敌胸襟。（图7–12）

3. 动作不停，我抓住敌胸襟猛向我怀内一拽之际，双爪转腕变掌前推敌胸部，将其打跌而出。（图7–13）

图7–12

图7–13

五、白鹤弹翅

【实战举例】

1. 敌滑步进身，左拳击打我胸部。我后滑步躲避敌拳锋芒之际，右拳上提裹臂，格挡敌左前臂外侧，将其拳化向左侧。（图7–14）

图7–14

2. 随即，我右脚跨上一步，落于敌左脚跟后侧绊住，同时，左转体，右臂屈肘点击敌左肋部。（图7–15）

图7–15

图7-16

3. 动作不停，我前弓步，右拳上翻，反背拳击打敌面部，将其打跌而出。（图7-16）

六、微风拔树

【实战举例】

1. 敌滑步进身，左拳击打我面部。我迅疾后滑步避敌拳锋芒之际，上体左旋，左腕向左格敌左前臂外侧，右掌棱砍击敌左肘部后侧，将敌拳攻击力化解。（图7-17）

图7-17

2. 随即，我右脚向前勾踢敌左脚跟，使其失衡后仰。（图7–18）

3. 动作不停，趁敌身体后倾失衡之际，我右脚落地，双手前甩击敌胸部或咽喉，将敌击翻跌出。（图7–19）

图7–18

图7–19

七、白鹤献爪

【实战举例】

1. 敌左脚前移步，右脚跨步进身，右拳击打我胸部。我迅疾后滑步，同时，起右掌，用右前臂拦格敌右腕内侧，阻截敌拳攻击。（图7-20）

图7-20

图7-21

2. 随即，我左掌转指向下、向前推，以前臂阻格敌右臂内侧，同时，右掌前伸屈指扣抓敌胸襟，猛向回拉扯。（图7-21）

3. 敌左旋体，用右膀化解我右手抓胸。我右脚跨步于敌中门，两掌按住敌右侧膀背。（图7–22）

4. 动作不停，我上体向前用劲的同时，双掌猛然抖劲发力前推，将敌推跌而出。（图7–23）

图7–22

图7–23

第八章

侠拳技击术（七势）

侠拳，也叫“侠家拳”，广东“十三名拳”之一，主要流行于我国的广州、南海、顺德及港澳一带，东南亚部分地区也有传人。

据说，侠拳来自“大侠李胡子”。大侠李胡子，清代末叶人，法名“金钩禅师”，因其武功高强，交游浪广，做事爽劲侠风，素爱打抱不平，俗家姓李，满脸络腮胡，故被江湖上称之为“大侠李胡子”。李云游至粤，在肇庆鼎湖山庆云寺挂单时，将平生绝技倾囊相授于寺内弟子王隐林（王飞龙）。

王后还俗，于民国时期在黄沙全善大街设馆传拳，为了纪念大侠李胡子传技厚恩，遂以“侠拳”称之。王天资聪颖，练功刻苦，成为与黄飞鸿、铁桥三等齐名的“广东十虎”之一。

现代侠拳因为传人的不同、各代的创新，拳法招势多有演变，但都不脱离侠拳总则。侠拳拳法，气势威猛，大开大合，长桥大马，多用直桥，擅发抛劲。拳法熟练后，即可进行拆招实战。侠拳的主要技击特点：以攻为主，抢机夺势，先发制人，拳脚并用，长驱直入。

一、扭马穿捶

【实战举例】

1. 我前滑步进身，左扭身之际，右拳插击敌右膝盖。敌左脚撤退一步，上身前俯，用右前臂拦截我右前臂，阻截我右拳攻击。（图8-1）

图8-1

图8-2

2. 动作不停，我迅疾右旋身，伸膝立身，同时，左穿拳击打敌右侧耳门。（图8-2）

二、格挡照镜

【实战举例】

1. 敌左脚向左侧前方闪跨一步，右脚上步之际，右掌攻击我裆部。我迅疾收左步之际，右脚向右外侧闪步，同时，左前臂下插格挡敌右前臂内侧，阻截敌掌攻击。（图8-3）

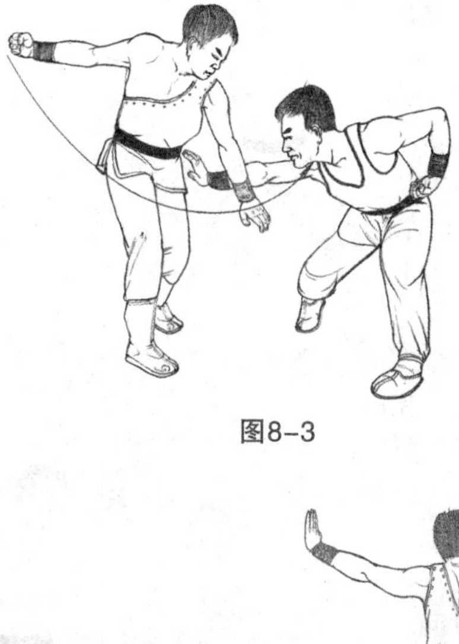

图8-3

2. 动作不停，我右转身，右拳向前大力勾击敌下颌，将其打跌而出。（图8-4）

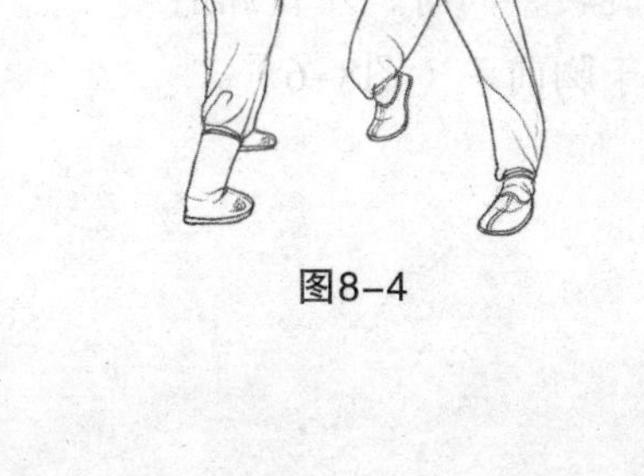

图8-4

三、转身鞭拳

【实战举例】

1. 我右脚向前跨步进身，同时，右掌插击敌面部。敌左脚向后撤退一步，右臂抬肘上架，阻截我掌攻击。（图8-5）

图8-5

2. 接着，我左脚向右后插步，身体迅速向左后旋转，同时，左臂屈肘横于胸前。（图8-6）

图8-6

图8-7

3. 动作不停，身体继续左转，同时，左臂随转体向左用力猛甩，反鞭拳击打敌颈部左侧，将其重创。（图8-7）

四、拗笋

【实战举例】

1. 敌右脚向前跨步进身，左拳击打我面部。我左脚迅疾撤退一步，下蹲身避过敌拳之际，两臂张开作做预动。（图8-8）

图8-8

图8-9

2. 动作不停，我左腿跪步，同时，右掌掌心推按敌右膝盖内侧，左掌抽抱敌右脚踝外侧，交错发力，将敌扳倒跌地。（图8-9）

五、飞鹤打虎

【实战举例】

1. 我右脚向前跨步进身，右掌插击敌裆部。敌左旋身扭步，用右臂圈拨拦格我右臂。（图8-10）

图8-10

2. 动作不停，我身体前倾，用右肩撞击敌右胁间，将敌撞跌而出。（图8-11）

图8-11

六、金童探穴

【实战举例】

1. 敌右脚向前跨步进身，双掌推击我胸部。我沉身，双掌前插，用两前臂格挡敌两前臂内侧向外分拨。（图8-12）

图8-12

2. 动作不停，我重心向前，双手交叉下按敌右大腿前侧；同时，以头顶撞击敌胸部或胃脘，将敌重创跌出。（图8–13）

图8–13

七、扑翼高鞭

【实战举例】

1. 敌右脚向前跨步进身，右拳冲击我面部。我左脚向左外侧闪跨之际，左臂向前上分，挑击敌右前臂。（图8–14）

图8–14

2. 动作不停，我迅疾左转体，右脚高扫腿踢击敌颈部左侧，将敌重创扫跌。（图8-15）

图8-15

第九章

龙形拳技击术（六势）

龙形拳，广东省著名地方传统拳术，南少林拳派之一种。其进步疾如风，落步如铁戾，出手如钢刀，动如猛虎出林，退如灵猫伺鼠，势若游龙攀云，以独特的硬朗功劲而著称武林。

有关其拳近代宗师，一说为林合；一说为林耀桂。林合(1831—1908)，字瑞初，惠东梁化人，创办有“林家武馆”，历代门徒数以千计，出名的武师有林树荣、黍程九、林庆元等。林耀桂(1874—1965)，博罗仍图人，他使龙形拳出惠州，到广州，至香港，远播世界多地，为龙形拳发扬光大做出了巨大贡献。

在本章谨参考相关资料，试行解析一下其实战技法，以供同道品鉴，不当之处敬请龙形高手指正。

一、挑捩手平捶

【实战举例】

1. 敌左脚前移步，右脚向前跨步进身，右拳击打我面部。我后滑步沉身，避过敌拳锋芒之际，左掌前挑，用掌背格敌右前臂内侧。（图9-1）

图9-1

2. 随即，我左脚前移步，左掌贴住敌右前臂向左外压，同时，右拳向前用拳背贯击敌左耳门。（图9-2）

图9-2

3. 动作不停，右脚向前跨上一大步，踏入敌中门；同时，右拳下挽绕圆前翻，用拳背挂击敌头顶，将敌打倒在地。（图9-3）

图9-3

二、掠挂锁手

【实战举例】

1. 敌滑步进身，左拳击打我胸部。我左旋身成扭步；同时，右臂屈肘横击敌左后臂，将其攻击力化解。（图9-4）

图9-4

2. 随即，我右脚弧形上步于敌左脚外后侧；同时，右拳前翻，用拳背挂击敌头额部。（图9-5）

3. 动作不停，左掌向前切出，攻击敌咽喉，致敌窒息而跌。（图9-6）

图9-5

图9-6

三、擒拿扣劈

【实战举例】

1. 敌滑步进身，左拳击打我面部。我左脚向后撤退一步，左旋身，左掌棱格阻敌左前臂外侧。（图9-7）

图9-7

2. 随即，左手屈指抓拿敌左肘外侧，并向我左外后牵带。（图9-8）

图9-8

3．接着，左脚向前上步，落于敌左脚跟外后侧；同时，右拳劈击敌左肩后侧，致其脱臼。（图9-9）

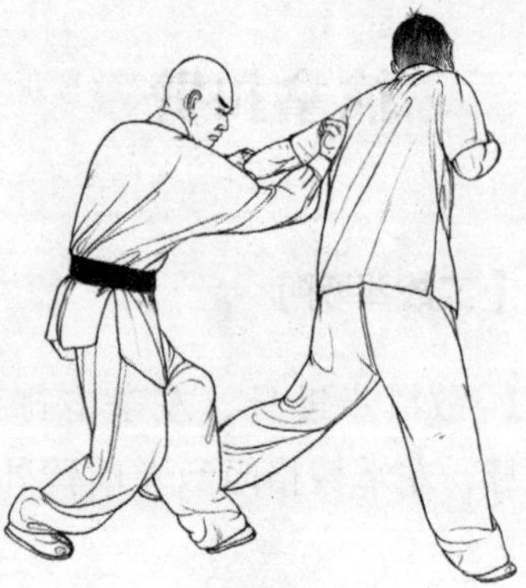

图9-9

四、揽打穿心脚

【实战举例】

1．敌左脚前移步，右脚向前跨步进身，右拳击打我面部。我略退身下沉，左掌上挑，用左前臂外侧格挡敌右前臂内侧，同时，右拳直击敌右肋部位。（图9-10）

图9-10

2. 动作不停，我迅疾将右腿收膝入怀，以脚跟为力点蹬踢敌心口，将其重创跌出。（图9–11）

图9–11

五、猛虎甩尾

【实战举例】

1. 敌左脚前移步，右脚向前跨步进身，双拳左在上右在下攻出，击打我面部及腹部。我略后滑步，双拳自胸前向上下分开，右腕架住敌左前臂内侧，左拳压住敌右拳背，使敌拳攻击力失效。（图9–12）

图9–12

2. 动作不停，我两拳一分之际，迅疾向左转身侧倾，放开敌双拳；同时，右脚提起后蹬，踢击敌胸部。（图9-13）

图9-13

六、勾劈蹬腿

【实战举例】

1. 敌右脚向前跨步进身，右拳挂击我头面部。我略退身沉坐，同时，右拳上提，格挡敌右前臂，将敌拳向左外侧化解。（图9-14）

图9-14

2. 随即，我上体向左侧倾，同时，右腿踹击敌下颌部，将其踹跌而出。（图9–15）

图9–15

第十章

白眉拳技击术（十势）

白眉功夫，源远流长，其根在少林。它发祥于河南省嵩山少林寺，开宗于四川峨眉山，祖师是明末清初少林高僧“白眉上人”，一向流传于寺庙之内。

白眉上人传广慧禅师，再传法云禅师。至20世纪初，才由法云在广州光孝寺传给俗家弟子“东江猛虎”张礼泉。从此这派武功便广传出去，现已成为南派名门。《中国武术名人手册》记载：“张礼泉在百年期间，把白眉拳由两广地区传播至世界各地。”广东白眉拳歌诀记有：“内家拳白眉，练就寸寸肌，双眼炯炯明，身轻燕子飞”，“白眉先师祖，授与释广慧；授与释法云师公；授与张礼泉师父。同门皆鞠躬，我等后学者，派别知所宗”。

白眉拳术，技法独特，简练实用，内外兼修，刚柔相济，拳功一体，它含括了“三形、四标、五向、五行、六合、六劲、八式”等要诀。“三形”为身、手、步形态，即圆、扁、薄。“四标”为内劲，又叫“四运”或“四象”，即吞、吐、浮、沉。“五向”指五个方向，即上、下、左、右、中。“五行”为用劲之方式，即刚、柔、轻、迅、重。“六合”即上与下、左与右、前与后，三线对争，六面相合。“六劲”为发劲之身体配合，即指、腕、肘、肩、腰、足六个部位，出势发手，六劲齐发。“八式”为步法结合手形攻击防守的方式，即鞭、割、挽、撞、弹、索、盘、冲。

白眉拳在广州、佛山等地传播逾半个世纪，根据传入者和所学者理解，多有变化。今选其流行招法，试行解析，以利读者防身之用。

一、直拳

【实战举例】

敌右脚向前跨步进身，右拳击打我胸部。我右脚向后退步，成左弓步之际，左掌前挑，右前臂外侧格挡敌右后臂内侧，同时，右拳直击敌心口。（图10-1）

图10-1

二、拦腰捶

【实战举例】

图10-2

敌右脚向前跨步进身，左拳击打我面部。我左脚向后撤退一步，右偏身，用右掌拍格敌左后臂外侧，并向左侧推送，同时，左拳向前反背拦腰击打敌左腹角。（图10-2）

三、沉手击

图10-3

【实战举例】

1．敌右脚跨步进身，右拳击打我胸部。我后滑步之际，右手接住敌右腕，并向我右腰侧拽拉，同时，左前臂压击敌右肘弯部，向右下旋沉劲。（图10-3）

图10-4

2．动作不停，我迅疾左旋身，左臂反拦敌胸部或咽喉部，将敌翻跌而出。（图10-4）

四、挽手直拳

【实战举例】

敌滑步进身，用右拳勾击我腹部。我迅疾吞胸吸腹，左腕向下压敌右前臂，同时，右拳直击敌心口，将其重创。（图10-5）

图10-5

五、老虎把风

图10-6

【实战举例】

1. 敌滑步进攻，沉身成马步，左拳击打我腹部。我后滑步避敌拳锋芒之际，右拳向前挂落，击打敌左后臂，阻截敌拳攻击。（图10-6）

2. 动作不停，我右拳向下压着敌左后臂猛一抖劲之际，左脚前移，左掌掌棱推击敌左侧耳门。（图10-7）

图10-7

六、腕背击

图10-8

【实战举例】

1. 敌滑步进身，左掌劈击我面部。我后滑步之际，右掌内圈，用右前臂内侧拦格敌左前臂外侧，将其左掌攻势化解。（图10-8）

2. 接着，我右脚上进一步于敌左脚外侧，同时，右掌前绕下插，左前臂拦着敌左臂化向右外侧下方。（图10-9）

3. 动作不停，我左掌下压敌左腕，同时，右掌转腕上旋，用掌腕背掬击敌下颌，将其重创。（图10-10）

图10-9

图10-10

七、单摩掌

【实战举例】

1. 我滑步进身之际，右掌从左向前摩，指尖扫击敌双目。（图10-11）

图10-11

图10-12

2. 随即，右手摩回下压抓按敌右前臂向下拽压。（图10-12）

3. 动作不停，我左掌摩下按压敌右前臂，同时，右掌向左、向前摩，以反背掌掮击敌右耳根。（图10-13）

图10-13

八、肘击

【实战举例】

1. 敌右脚跨步进身，右拳击打我面部。我左脚向后撤退一步，左偏身之际，右掌以掌棱横格敌右前臂外侧，并向右外侧牵带。（图10-14）

图10-14

2. 动作不停，我右手扣指抬肘架托敌右臂，左脚进步于敌右腿外侧，同时，左臂屈肘顶击敌右肋，致其肋骨骨折。（图10–15）

图10–15

九、膝击

【实战举例】

1. 敌滑步进身，右拳击打我面部。我后滑步，躲避敌拳锋芒之际，右掌上挑，用右前臂外侧格挡敌右前臂外侧。（图10–16）

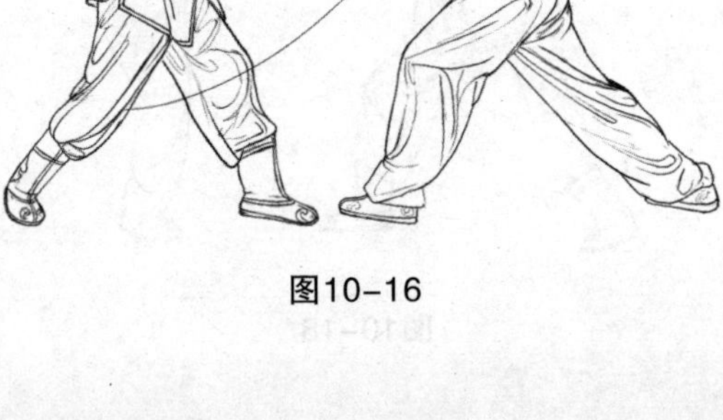

图10–16

2. 动作不停，我右掌继续外划，拦住敌右臂向腰侧拽带，同时，左手前伸搂敌后背回抱，右腿提膝撞敌心口。（图10–17）

图10–17

十、卧腿击

【实战举例】

1. 敌左脚前移步之际，右弹腿踢击我腹部。我迅疾后滑步，右侧身避过敌脚锋芒之际，双掌向前下砍敌右脚背及膝部。（图10–18）

图10–18

2. 随即，我左转身，左手下落撑地，上体向左下俯，同时，右脚向上蹬踹敌下颌。（图10–19）

图10–19

第十一章

五祖拳技击术（八势）

五祖拳，又称“五祖鹤阳拳”，是福建传统武术的一大流派，是闽南武术文化的代表，乃我国武坛上的一朵奇葩，据说为清末福建泉州武术家蔡玉明（也有记为蔡玉鸣）所创。

蔡宗师自幼习武，在数十年的艰辛学艺及实战较量的过程中，弃芜存菁，吸取众长，创新补阙，逐渐整编出一门新的拳种。因其主要结合了当时闽南五大拳种（白鹤、行者、太祖、达尊、罗汉）的精华，故称之为“五祖拳”。蔡之高徒尤祝三在《中华柔术大全》即载有：“吾夫子蔡玉明，曩以弓马游伴，兼通五祖拳法，白鹤手、齐天指、太祖足、达尊身、罗汉步……”

蔡后来又在漳州认“山东大侠”和阳为义父，并随之北上习武，五祖拳技法因此有所变化。所以，加上和阳大师的拳术，五祖拳后期又被称为“五祖和阳拳”。由于闽南方言语音之误，“和阳”长期以来被人念为“鹤阳”，故成了“五祖鹤阳拳”，惯用至今。

五祖拳的风格古朴，技法精简，不尚花拳绣腿，出击直截了当，出手迅猛有力，技击性很强，使之成为当时闽南非常有名的拳种，世人赞为：“拳打八法，矫似神龙戏水；脚踢四门，捷如猛虎翻山。”

五祖拳常以“摇身抖胛”之法，发劲增力，助势增威。其临敌讲究十要诀：一胆，二力，三精，四熟，五顺，六速，七灵，八稳，九声，十变。

一、公牛鸣角

【实战举例】

1. 敌右进步，左拳击打我胸部。我略后滑步，吞胸吸腹，避过敌拳锋芒。（图11-1）

图11-1

图11-2

2. 随即，我左拳下划，用前臂挂开敌左前臂，同时，右拳兜弓击打敌头部左侧。（图11-2）

二、凿石开山

【实战举例】

1. 敌进身，左拳击打我胸部。我左掌以掌棱向下压开敌左臂，同时，右拳捶击敌左肩部肩井穴。（图11-3）

图11-3

图11-4

2. 接着，我冲出左拳击打敌面部。敌沉身躲避的同时，双手捞抱我左腿膝弯部，欲使摔法。（图11-4）

3. 我迅速左转扭身，同时，右拳由上向下砸击敌头顶部，将敌打扑在地。（图11-5）

图11-5

三、横扫千军

【实战举例】

1. 敌右进步，右拳击打我面部。我迅疾将左拳向左前横扫而出，以左前臂将敌右拳向左外侧拦击挡开。（图11–6）

图11–6

2. 敌紧接出左拳击打我腹部。我右拳由上向下直臂斜扫而下，用右前臂把敌左拳往左下方击落，身躯同时左转。（图11–7）

图11–7

3. 动作不停，我右脚迅疾向前跨进一步，踏入敌中门，同时，右拳向右上方直臂横扫，用拳背击打敌面部。（图11-8）

图11-8

四、鸣鼓惊天

【实战举例】

1. 敌左脚前移步之际，突出右脚弹踢我腹部。我迅疾后滑步，吞胸吸腹，避过敌脚锋芒。（图11-9）

图11-9

2. 接着，我身躯左转成扭步；同时，左掌下按，右掌变拳劈砸敌右膝盖。（图11–10）

图11–10

图11–11

3. 敌顺势踏落右脚的同时，右拳直击我面部。我迅疾起身，右臂上架敌右前臂下侧，将敌拳攻击力挡开。（图11–11）

4. 动作不停，我左掌迅疾推击敌心口，将其打跌而出。（图11-12）

图11-12

五、闲庭独步

【实战举例】

1. 敌左脚前移步，右脚跨步进身，右拳冲击我面部。我迅疾后滑步，避过敌拳锋芒。（图11-13）

图11-13

2. 随即，我右掌接住敌右腕，左掌上托抓住敌右肘，双手同时后拉，在运掌之际提起右脚踩踏敌右膝盖。（图11–14）

图11–14

图11–15

3. 动作不停，我双手猛然向前推送之际，右脚踩住敌膝向前蹬力，创伤敌膝。（图11–15）

六、鹤舞秦庭

【实战举例】

1. 敌右脚跨步进身，右拳击打我面部。我迅疾将左脚向后撤退一步，屈膝半蹲成右吊马，避过敌右拳攻击。（图11-16）

图11-16

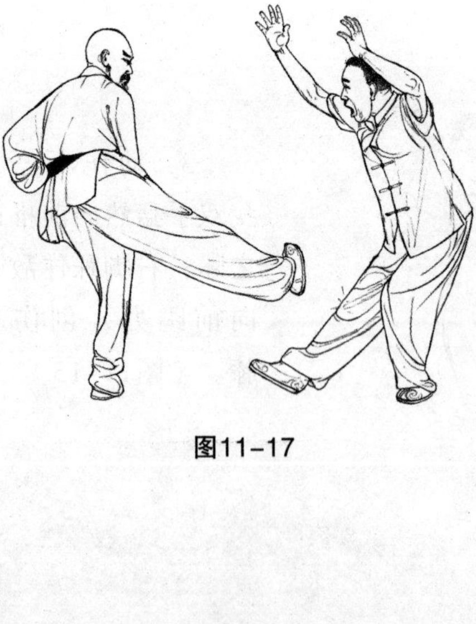

图11-17

2. 动作不停，我借沉身蓄势之机，提起右脚斜踩敌右膝盖内侧，创击敌右膝关节。（图11-17）

七、大鹏展翅

图11-18

【实战举例】

1. 敌右脚跨步进身，右拳击打我面部。我左脚迅疾撤退一步，左旋身成扭步，同时，左掌向左上划拦敌右肘。（图11-18）

2. 动作不停，我左掌继续外划之际，提起左腿，铲击敌右肋，致其重创。（图11-19）

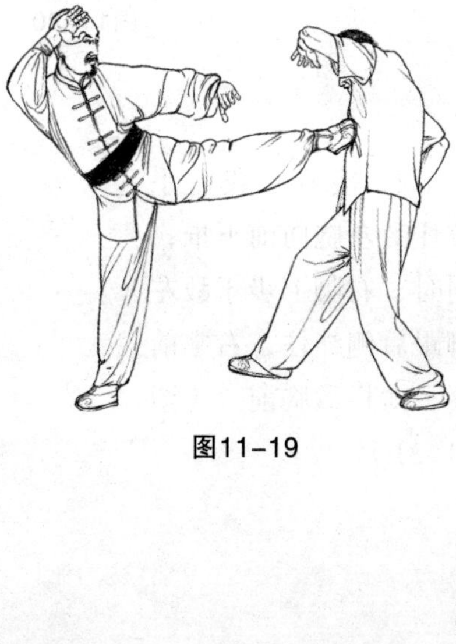

图11-19

八、狂风倒树

【实战举例】

1. 敌滑步进身，左拳击打我面部。我迅疾后滑步，上提左手向左外划，拦格敌左腕外侧，阻截敌拳攻击。（图11-20）

图11-20

2. 接着，我左手按住敌左腕向前下推；同时，右脚上步于敌左脚跟后侧绊住，右掌前穿，横拦敌胸前。（图11-21）

图11-21

3. 动作不停，我右脚勾住敌左脚跟向上踢起，同时，两掌按住敌胸向右外侧方旋摔，致敌失衡而倒。（图11-22）

图11-22

第十二章

工字伏虎拳技击术（八势）

工字伏虎拳是广东省的著名传统拳术，乃洪家拳登堂入室之必练之基。

相传此拳源出南少林，后南少林毁于火，至善禅师避难到广州海幢寺，恐此少林绝技失传，便于寺内授徒传艺。陆亚采为其首徒，得此绝艺；后传黄泰，继传麒英，麒英传子飞鸿。又由黄飞鸿将其发扬，传于梁宽、林世荣、陆正刚、陈殿标等。

古谱载曰：“工字伏虎拳，以步武进退成‘工’字形，故名之。工字伏虎，腰马稳健，桥手刚劲，法门紧密，进退有规。恒久练习，不必站马而腰马自坚，不必打桩而桥手自劲，基础既固，则习其他拳术武器，自易精纯。凡入洪门者，必先习此，以稳健其腰马，坚劲其桥手，正确其步法，矫正其身形。洪家秘传，自有其真，非花拳绣腿可同日而语。”

一、沉肘一定指撑天

【实战举例】

1. 敌左脚前移步，右脚向前跨步，左拳挥臂向我头顶劈击。我右转身约360°，右拳屈肘反背上架敌右前臂。（图12-1）

图12-1

2. 随即，我迅疾左转身，左鞭拳打击敌颈部左侧。（图12-2）

图12-2

二、一指三株抛肘手

【实战举例】

1. 敌右脚向前跨步，右掌推击我胸部。我右手虎爪抓敌右掌，向下一带，使其前扑之际，左掌前切敌鼻唇间人中穴。（图12-3）

图12-3

2. 随即，上体左转，右手屈肘挑击敌下腭。（图12-4）

3. 动作不停，右肘向下、向后一收，沉身坐马，同时，左掌推击敌胃脘，将其推跌。（图12-5）

图12-4

图12-5

三、一挑拧马千字落

【实战举例】

1. 敌左脚进步之际，右脚踹击我腹部。我左脚向左侧后摆一步，成右横裆步，同时，左掌下撇，以掌棱及前臂外侧撇击敌右小腿内侧。（图12-6）

图12-6

图12-7

2. 随即，左脚上步，右掌向前横出，以掌棱砍击敌颈部左侧。（图12-7）

四、子午一转右膀手

【实战举例】

1. 敌左脚上步，右脚踹我胸部。我左脚向左后侧闪步，右手伸臂旋裹，格敌右小腿后侧。（图12-8）

图12-8

2. 右膀手消解敌攻势之际，右前臂贴着敌小腿一转，兜住敌右腿，提拳向上一掀，将敌抛起摔跌而出。（图12-9）

图12-9

五、猫儿洗面又三匀

【实战举例】

1. 敌滑步进身，成左弓步，右拳击打我面部。我收左脚成虚步，左掌上挑内割，格敌右腕外侧。（图12–10）

图12–10

2. 随即，左掌压敌腕，左脚上步成左弓步，同时，右虎爪抓敌面部。（图12–11）

图12–11

3. 动作不停，敌退左脚，避过我右爪。我追上右步，右爪一压，左爪抓击敌面部，以快速连环两抓伤敌。（图12-12）

图12-12

六、标串手法定金桥

【实战举例】

1. 敌右脚向前跨步进身，右拳挂击我头面部。我左掌内圈，拍格敌右臂外侧，消去其攻击。（图12-13）

图12-13

2. 敌旋指扣抓我左腕，左手扣拿我左肘，欲作擒拿控制。（图12-14）

3. 我左掌上抽，屈肘前顶推力，同时，右手标串掌直击敌咽喉。敌喉被击，即会负痛松手。（图12-15）

图12-14

图12-15

4. 我上右步，两掌配合发声，用定金桥法打敌胸部。（图12-16）

图12-16

七、攊掌连环勾弹脚

【实战举例】

1. 敌先左进步、右低弹踢，继落右步，右拳击打我胸部。我收左脚盖步，左掌内圈，挂住敌右前臂上侧。（图12-17）

图12-17

2. 右转身约180°，右掌挥臂鞭击敌头部右侧。敌低头弯腰避过我右掌攻击。（图12–18）

3. 我往下一蹲，左脚扫踢敌右脚后跟，同时，左掌往左上勾拨敌右臂，将敌扫跌。（图12–19）

图12–18

图12–19

八、一撇一划千字手

【实战举例】

1. 敌右脚向前跨步，蹲成马步桩，同时，右拳击打我胸部。我右掌上格敌右腕外侧。（图12-20）

图12-20

2. 随即，右掌旋腕擒抓敌腕往右下侧猛地一拽，左掌助推敌右肘，使敌前扑。（图12-21）

图12-21

3. 动作不停，左掌下撇，用掌棱击打敌颈部，将其打倒在地。（图12-22）

图12-22

第十三章

铁线拳技击术（八势）

铁线拳是洪拳的代表拳术，练可运动肢干、畅通血脉，久可壮魄健体、反弱为强。练此拳法，要求动中有静，静中有动；放而不放，留而不留；疾而不乱，涂而不弛。

铁线拳是一高级内功拳，由南少林洪拳巨子觉因禅师首传于“广东十虎”之一的南海铁桥三。铁桥三，原名梁坤，在家排行第三，尤擅铁线拳，其桥手坚硬如铁，双臂力量超人，能挂六人行百步，故世人惯称为名“铁桥三”。

古谱载曰：“其硬如铁，其柔似线，故名之为‘铁线拳’。觉因禅师曰：‘硬桥硬马数洪家，内功内力逼生发。铁线拳法气法妙，谁能参透谁当家。’铁线一拳，以气生力，逼硬桥手，由柔致刚，独门内功秘传也。以意运气，以气发声，以声催力，逼生硬功；修习日久，则由内及外，内功外发，桥手若铁，一旦触人，雷打电击。没有内功，便是蛮力；气法一乱，不动自慌。初者不能领悟气法之窍，可试走拳势，渐合吐纳，久练自化，熟极自神。唯气法大要，终不能悖，否则仍算未知铁线所为者何。”

一、双剪切桥

【实战举例】

1. 敌右步前移，左脚进步于我中门，右拳击打我腹部。我左脚略收步，身后坐，左掌向下切敌右拳背，将其右拳击落。（图13-1）

图13-1

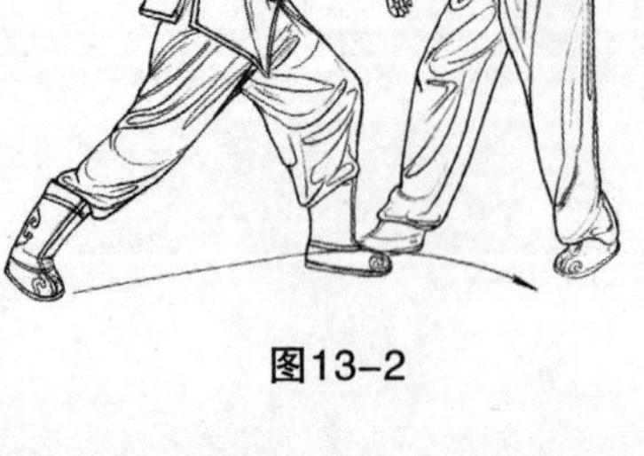

图13-2

2. 接着，左脚上步，屈膝前弓，两掌掌棱夹击敌颈部。（图13-2）

3. 动作不停，右脚上进敌中门，猛喝一声，两掌一沉，用掌根震击敌胸部，将其打倒。（图13–3）

图13–3

二、左右寸桥

【实战举例】

1. 敌左脚前移步，右脚跨步进身，右拳击打我头面部。我左脚盖步避让，同时，右掌上划，拍格敌右腕内侧。（图13–4）

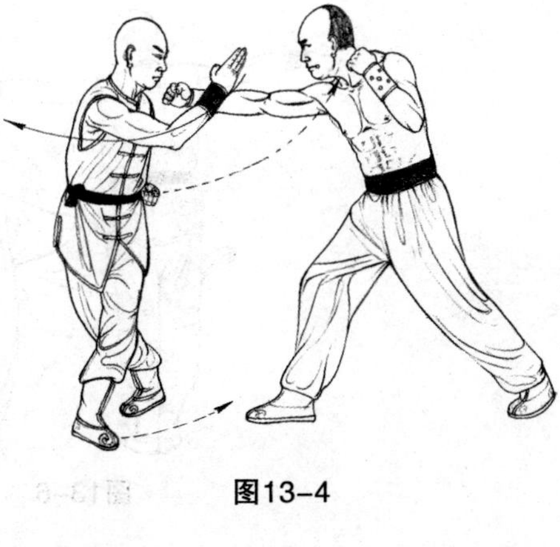

图13–4

2. 接着，左脚回步，同时，左掌标串戳击敌咽喉。（图13-5）

3. 动作不停，右脚上步，转体约180°，同时，左掌一收，右掌标串戳击敌咽喉，以两次连续戳喉，将敌打倒在地。（图13-6）

图13-5

图13-6

三、三度珠桥

【实战举例】

图13-7

1. 我左脚前移步，右脚跨步于敌中门，右拳冲击其下颌部。敌收右步成吊马，避过我拳锋芒之际，左手拍击我右前臂外侧。（图13-7）

图13-8

2. 随即，我沉肘压落敌左前臂。（图13-8）

3．接着，我左肘前担，用肘尖挑击敌下颌。（图13-9）

图13-9

图13-10

4．动作不停，上体左转约90°，两臂左右推伸，用右珠桥手推击敌下颌。（图13-10）

四、迫桥

【实战举例】

1. 敌左垫步进身，右虎爪抓击我面部。我右脚移步，上身略向右偏，左掌内割敌右腕，将其向下压，消解其攻击。（图13-11）

图13-11

图13-12

2. 左脚进步于敌右腿内侧，屈膝前弓，左前臂下压敌右臂，右虎掌托击敌下颌。（图13-12）

3. 两肘猛向下一沉，大喝一声，冲身而起，两掌合托敌下颌，将其打倒在地。（图13-13）

图13-13

五、制桥

【实战举例】

1. 敌左进步，右脚踢击我腹部。我左脚收步成吊马，左臂屈肘一收，用掌棱向下沉劈敌右脚脚背。（图13-14）

图13-14

图13-15

2. 动作不停，右脚上步于敌左脚内侧，上体左转约90°，右掌向上一抽，立即斜冚，击敌右胯根部，将敌打倒在地。（图13-15）

六、订桥

【实战举例】

1. 敌左脚前移步，右脚跨步进身，右拳击打我面部。我迅疾后滑步，收左脚成虚步，同时，左掌上挑，用掌背格挡敌右腕内侧，阻截敌拳攻击。（图13-16）

图13-16

2. 敌紧跟踢出左脚，弹击我裆腹部。我左脚后垫步，拉开距离使敌脚踢空之际，我右掌冚击敌左小腿三阴交部位。（图13-17）

3. 动作不停，右掌贴着敌左脚踝一绕兜住，右垫步，左掌前切敌左胁期门穴部位，将其打跌而出。（图13-18）

图13-17

图13-18

七、柔桥

【实战举例】

1. 敌左脚前移步，右脚跨步进身，右拳击打我面部。我重心移于右腿，左手一沉即抽拳上提，用左腕部格敌右前臂内侧。（图13-19）

图13-19

图13-20

2. 随即，右脚向右前上步，两膝一扣成二字钳阳马，同时，右拳抽击，左掌推击，一齐攻向敌咽喉及面门。（图13-20）

3．动作不停，左脚进步前弓，两肘挑击敌胸部，将其打跌而出。（图13-21）

图13-21

八、定金桥

【实战举例】

1. 敌左前移步，右脚向前跨步进身，右拳击打我面部。我左脚收步，右前臂竖立向左横格，用掌棱阻截敌右前臂内侧，向左外侧化开。（图13-22）

图13-22

2. 随即，左掌按住敌右腕下伏，同时，右掌变四指撑天势，长呼一声“嗬”，向敌额头抖劲震击。（图13-23）

图13-23

第十四章

虎鹤双形拳技击术（八势）

林世荣，黄飞鸿嫡传弟子，虎鹤门一代宗师，他萃取多种南拳精华，独创虎鹤双形拳。

虎鹤双形乃洪拳至宝，练法奇特，招数精妙，攻防灵活，既有长桥手的大开大合、大砍大劈，亦有短桥手的细腻善变、变化多端。

古谱载曰：“虎鹤双形，洪拳不传之秘也。其虎先者，以刚攻柔，若猛虎下山，势不可挡；以力吃弱，若饿虎扑食，一击必杀。其鹤协者，以弱反强，若鹤锐袭来，出奇制胜；以容破凶，若鹤翅抖水，一碰击落。皆极尽神化之妙也。唯学拳之要，取神意为窍；若单仿象模形，虽外体似而内劲无，徒具虚表，终难应大敌，后学当谨记之。”

一、虎凭豺狼

【实战举例】

1. 敌左脚上步，右拳击打我胸部。我后滑步避其锋芒，左桥手内割敌右前臂外侧，向下沉压。（图14–1）

图14–1

2. 左手成虎爪，按住敌右腕向左下侧格化，同时，左弓步，右虎爪扑击敌面部。（图14–2）

图14–2

二、单虎出洞

【实战举例】

1. 敌左脚前移步，右脚蹬踢击我腹部。我后滑步，避过敌腿锋芒之际，左虎爪自胸前下压，按敌右小腿前胫。（图14–3）

图14–3

2. 随即，左虎爪向下推落敌右脚，同时，右脚上步成右弓步，右虎爪击敌面部。（图14–4）

图14–4

3. 动作不停，左脚上前一步成右吊马，同时，左虎爪击敌右侧腹角，将其重创。（图14–5）

图14–5

三、猛虎扒沙

图14–6

【实战举例】

1. 敌右脚向前跨步进身，右拳击打我胸部。我双虎爪扒住敌攻来之右臂，右转身往下一压，即化去敌拳攻击。（图14–6）

2. 动作不停，双虎爪同起，右转身一齐推击敌胸，将其打跌而出。（图14-7）

图14-7

四、勾弹脚法

【实战举例】

1. 敌右垫步进身，左脚踏进我中门，同时，左拳劈击我头面部。我左脚向左后侧退步，左臂顺时针划弧格住敌左前臂外侧，向左外侧划开。（图14-8）

图14-8

2. 接着，右虎爪前穿，拦敌咽喉前。（图14-9）

图14-9

3. 动作不停，右爪压住敌咽喉向右侧一甩，同时，右脚勾踢敌左脚后跟，将敌踢翻在地。（图14-10）

图14-10

五、猛虎下山

【实战举例】

1. 敌左脚前冲步，右脚蹬踢我腹部。我左脚略收步，右转身避其锋芒，同时，左虎爪抓击敌右小腿前胫部。（图14-11）

图14-11

图14-12

2. 接着，右脚上前一步，同时，右虎爪踏压敌右小腿前胫，左虎爪推敌面部。（图14-12）

3. 动作不停，左脚紧跟上步，左虎爪向下一压，右虎爪击敌面部，将其打倒在地。（图14–13）

图14–13

六、还魂饱鹤

【实战举例】

1. 敌滑步进身，左拳击打我面部。我右脚退步，收左脚成左吊脚势，同时，左鹤翅手顺时针划弧，用腕侧拦格敌左腕外侧，向左外侧推开。（图14–14）

图14–14

2. 接着，左手抓住敌左腕向下拉带，左脚向后撤退一步，右肘顶击敌左肘。（图14–15）

3. 动作不停，我右手成鹤嘴手啄击敌后脑。（图14–16）

图14–15

图14–16

七、鹤嘴沉肘

【实战举例】

1. 敌右脚垫步，左脚踏入我中门，右拳击打我面部。我后滑步避敌拳锋芒，左手鹤嘴拦格敌右前臂内侧。（图14–17）

图14–17

2. 随即，右手鹤嘴击打敌鼻唇间人中穴。（图14-18）

3. 动作不停，右臂屈肘前抛，挑击敌下颌，将敌打跌而出。（图14-19）

图14-18

图14-19

八、连环责冚

【实战举例】

1. 敌左脚前移步之际，右脚跨步进身，右拳击打我面部。我左脚向左后侧退步成右横裆步，同时，抛出左拳，以左前臂格住敌右前臂内侧，阻截敌拳攻击。（图14-20）

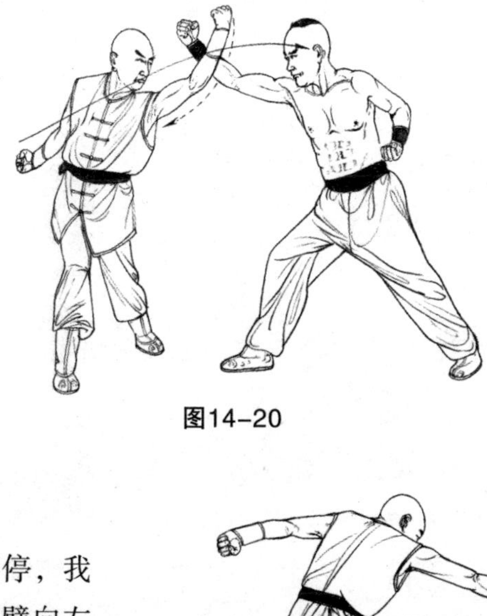

图14-20

2. 动作不停，我左臂贴着敌右臂向左后侧划落，同时，右拳挥臂盖击敌头部左侧，将其打倒在地。（图14-21）

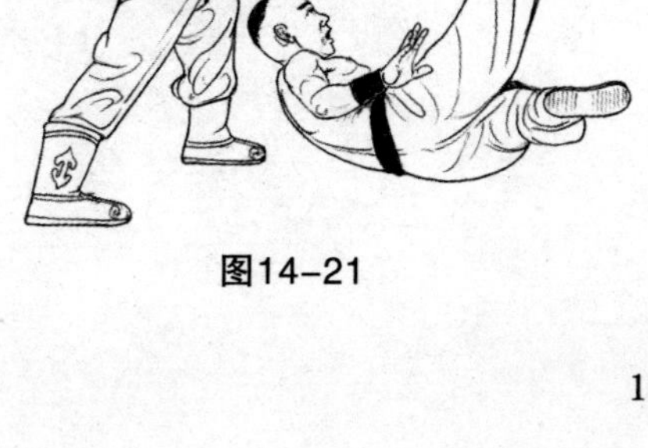

图14-21

第十五章

咏春拳技击术（二十二势）

咏春拳，少林嫡传武技，也称“泳春拳”“永春拳”，“广东十三名拳”之一。

咏春主要有小念头、寻桥、标指三套拳，柔化刚发，灵敏善变，立足实战，技击性强。“出拳快捷如闪电，密如雨点击连环；擅发寸劲有弹性，一招制敌敌胆寒”。

关于咏春拳的来源，众说纷纭，说法不一；一般认为是福建严咏春所创，故名。本章对此不作探究，仅拆解其流行招法，使人一睹咏春拳之独特风采。

一、推手正掌，摊手杀颈掌

【实战举例】

1. 敌进身，左拳直击我面部。我站钳阳马，右手摊掌格挡敌右腕内侧，同时，左手正掌击打敌面部。（图15-1）

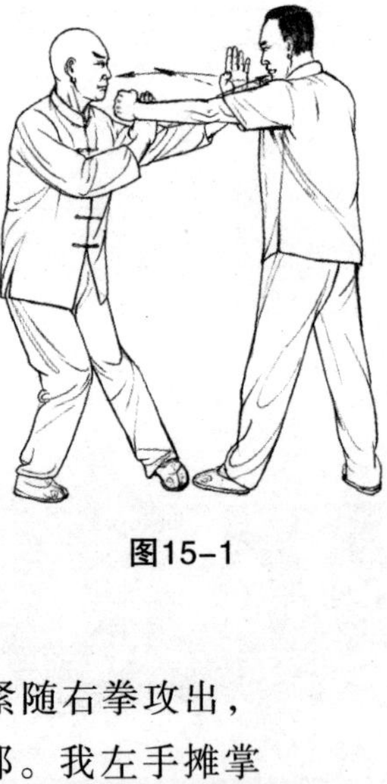

图15-1

2. 敌紧随右拳攻出，击打我面部。我左手摊掌格开，同时，右掌前切，砍击敌右颈侧，将敌重创。（图15-2）

图15-2

二、摊手，标指，转马铲掌

【实战举例】

1. 敌进步，左直拳击打我面部。我右手摊掌格挡敌腕内侧，同时，左掌标插敌面部。（图15-3）

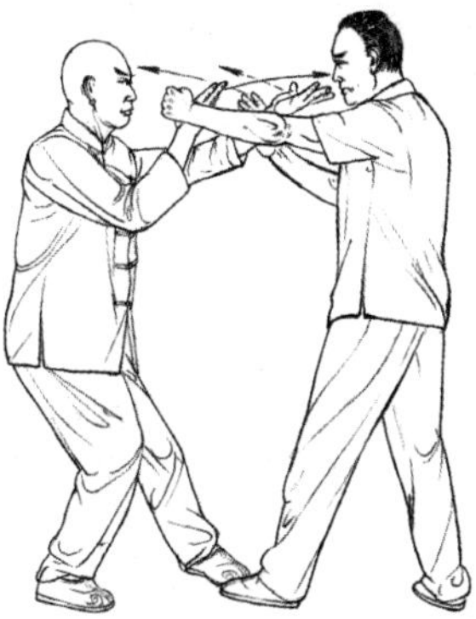

图15-3

图15-4

2. 敌随即出右拳击打我面部。我迅疾左旋体，左掌向左划格敌右拳，同时，右手掌棱铲击敌方左颌侧，致其重创。（图15-4）

三、摊手正掌，拍手底掌

【实战举例】

1. 敌进步，左直拳击打我面部。我迅疾右手摊掌格挡敌右腕内侧，左手正掌击打敌面部。（图15-5）

图15-5

图15-6

2. 敌随之出右拳击打我面部。我面部略后仰，左掌拍格敌右前臂外侧，并向右推送，同时，右手底掌击打敌腹部。（图15-6）

四、摊手杀颈手，耕手正掌

【实战举例】

1. 敌进步，右直拳击打我面部。我右摊掌格挡敌右腕外侧之际，左掌前切，攻敌颈部。（图15-7）

图15-7

图15-8

2. 敌仰面避过的同时，左拳冲出击打。我左掌向右划以耕掌阻截敌左前臂之际，右掌击打敌面部。（图15-8）

五、摊手标指，膀手铲掌

【实战举例】

1. 敌进步，左直拳击打我面部。我右摊掌格挡敌右腕内侧向外划，左掌标插敌咽喉。（图15-9）

图15-9

图15-10

2. 敌右侧身仰头躲避过，随之右直拳击打而出。我迅疾右旋体，左膀手格挡敌右前臂外侧。（图15-10）

3. 动作不停，我右掌格敌右腕之际，左掌以掌棱铲击敌颈部右侧，将敌重创。（图15-11）

图15-11

六、摊手，耕拦打

【实战举例】

1. 敌进步，左直拳击打我胸部。我右摊掌格挡敌右腕内侧，同时，左手正掌击打敌面部。（图15-12）

图15-12

2. 敌随之右横踢，扫击我左肋。我沉身，左掌下挂，用左前臂外侧耕拦，阻截敌右小腿。（图15–13）

3. 动作不停，我双手成蝶掌势，右掌在上、左掌在下，推击敌胸部及小腹部，将敌打跌而出。（图15–14）

图15–13

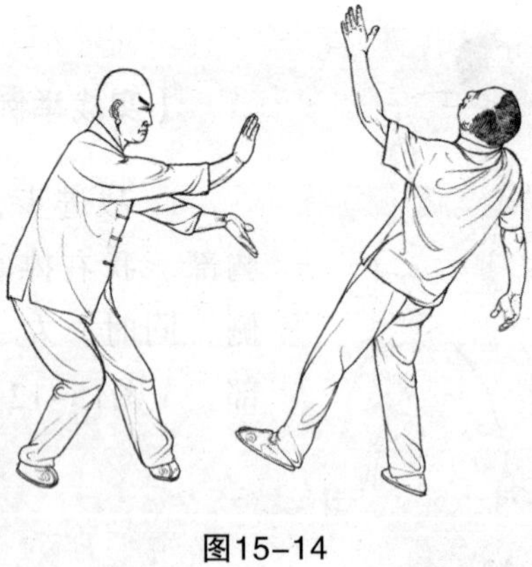

图15–14

七、转马铲手，摊手铲掌

【实战举例】

1. 敌进步，右拳击打我胸部。我迅疾转身，左掌下耕，用左前臂外侧向外拦格敌右前臂内侧，同时，右手铲击敌面部。（图15–15）

图15–15

2. 敌仰面避过我右掌锋芒之际，左拳直出击打我面部。我迅疾右摊掌，格阻敌左前臂内侧，同时，左手铲掌击打敌咽喉，将敌重创。（图15–16、图15–17）

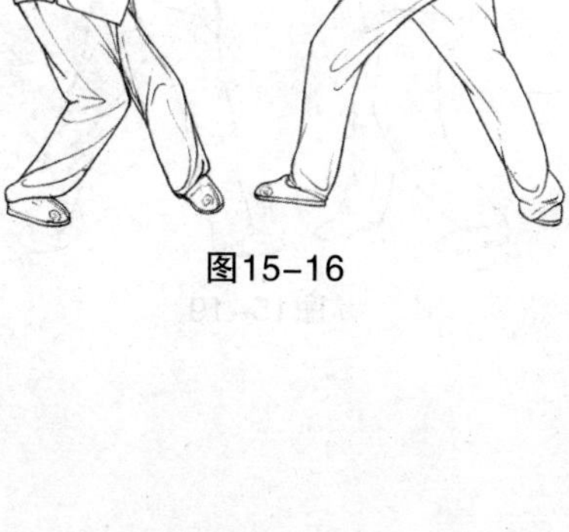

图15–16

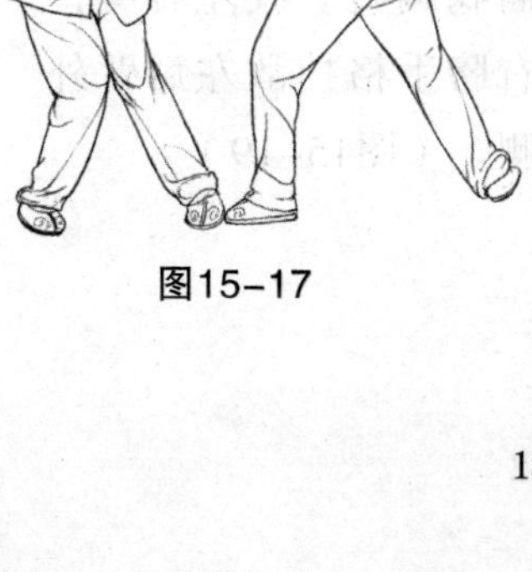

图15–17

八、转马铲掌，膀手杀颈手

【实战举例】

1. 敌进步，右直拳击打我面部。我右手前铲，用右前臂内侧格挡敌右前臂内侧，阻截敌拳攻击。（图15-18）

图15-18

2. 敌随之左拳下插我胸腹。我左转身，右膀手格挡敌左后臂外侧。（图15-19）

图15-19

3. 动作不停，我左掌下切敌左前臂，同时，右掌前切敌咽喉。（图15-20）

图15-20

九、耕手正掌，膀手正掌

【实战举例】

1. 敌进步，右拳击打我腹部。我左耕掌阻截敌拳腕部上侧，同时，右手正掌击打敌面部。（图15-21）

图15-21

2．敌仰面避过之际，左拳直击我面部。我迅疾右膀手，格敌左肘臂外侧，致敌上体右旋，背对于我。（图15-22）

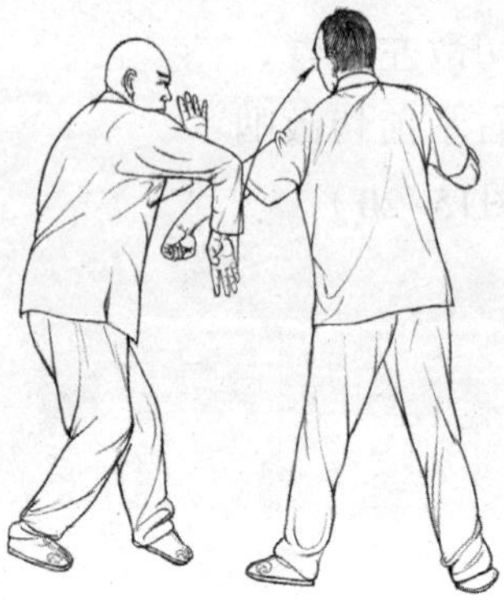

图15-22

图15-23

3．动作不停，我右掌上翻，向前正掌击打敌颈后脊骨。（图15-23）

十、膀手，摊手正掌

【实战举例】

1. 敌进步，右直拳击打我面部。我右转体，左膀手格挡敌右肘臂外侧。（图15–24）

图15–24

2. 敌迅速出左拳击打我面部。我迅疾后仰面，左掌外翻摊手，拦开敌左拳臂，同时，右手正掌击打敌左腮帮。（图15–25）

图15–25

十一、膀手，耕手正掌

【实战举例】

1. 敌进步，左拳击打我胸部。我左转马，右膀手格挡敌左前臂外侧。（图15-26）

图15-26

2. 敌右拳击打我胃脘部。我左耕手阻截敌右拳之际，右手正掌击打敌头额。（图15-27）

图15-27

十二、膀手，耕手，杀颈手

【实战举例】

1. 敌进步，左拳击打我腹部。我左扭身，右膀手格挡敌右前臂外侧，将敌拳攻击力化开。（图15-28）

图15-28

图15-29

2. 敌迅疾出右腿，横扫踢我左肋部。我迅疾沉身，右耕手向左斜下方格挡敌右脚踝部。（图15-29）

3. 动作不停，我左脚前移半步，右掌前切，用掌棱砍击敌颈喉。（图15-30）

图15-30

十三、冲拳，勾撞拳

【实战举例】

1. 我右拳冲击敌面部。敌提双掌格拦我右前臂外侧，阻截我右冲拳攻击。（图15-31）

图15-31

图15-32

2. 动作不停，我右拳向右外斜拦，同时，左拳向前撞击敌下颌。（图15-32）

十四、伏打，抽撞拳

【实战举例】

1. 敌左拳击打我胸部；我左掌伏手阻截敌右腕背，同时，右拳冲击敌面部。敌含颌吞身避过。（图15-33）

图15-33

2. 动作不停，我左拳前撞敌面部，同时，右掌掌棱抽击敌后颈部。（图15-34）

图15-34

十五、膀手，摊打

【实战举例】

1. 敌进步，右拳插击我腹部。我迅疾右膀手，格敌右前臂内侧，阻截敌拳攻击。（图15-35）

图15-35

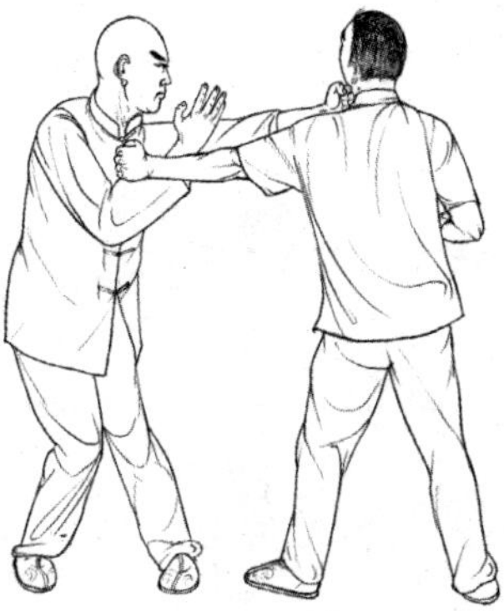

图15-36

2. 敌紧随冲出左拳，击打我面部。我正身右摊掌，格挡敌左前臂内侧，左拳冲击敌下颌。（图15-36）

十六、耕拦手，膀打

【实战举例】

1. 敌左进步，右腿横踢我左肋部。我左转马沉身，同时，左耕手阻截敌右踝部，右前臂拦手格挡敌小腿内侧，化解敌腿攻击。（图15-37）

图15-37

2. 敌右脚向后收落步，左脚前移之际，左拳击打我腹部。我右膀手格挡敌右前臂外侧，阻截敌拳攻击。（图15–38）

图15–38

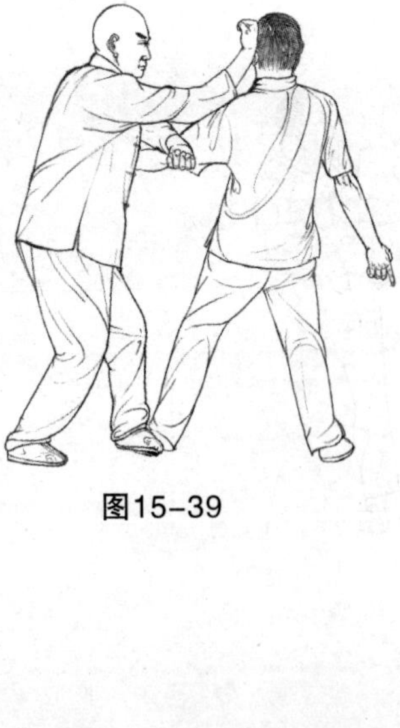

图15–39

3. 动作不停，我左前臂下压，右拳上翻，反背拳挂击敌头面部。（图15–39）

十七、截踢，冲拳

【实战举例】

1. 敌左脚前移步，右脚撩踢我裆部。我左脚略收步，提起右脚，用脚掌阻截敌右小腿前胫。（图15-40）

图15-40

2. 接着，我右脚向前落步，同时，右拳冲击敌下颌。（图15-41）

图15-41

3. 动作不停，我紧跟出左拳击打敌下颌。随即两拳连环出击，打敌面部，出拳不计次数，敌不败不止。（图15-42）

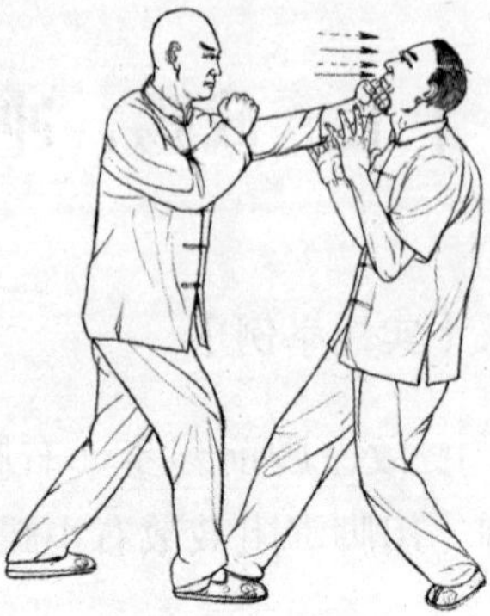

图15-42

十八、侧踢，连环冲拳

【实战举例】

1. 敌进身之际，我迅疾出右脚侧踢敌腹部，阻截敌进身出拳。（图15-43）

图15-43

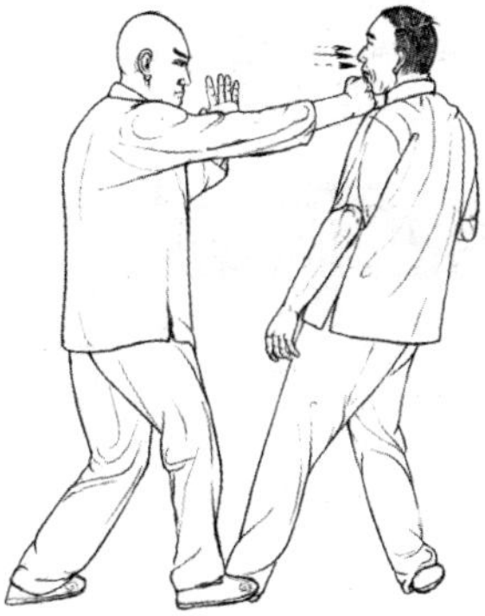

图15-44

2. 动作不停，我右脚向前落步，同时，连环冲双拳反复击打敌面部。（图15-44）

十九、摊手冲捶，攀颈手横肘

【实战举例】

1. 敌进步，右拳冲击我面部。我左摊手格挡敌右前臂内侧，同时，右冲拳击打敌下颌。（图15-45）

图15-45

2. 敌用左手阻截我右拳。我右手成掌前攀敌颈，同时，左臂屈肘横捣敌头部右侧。（图15–46）

图15–46

二十、膀手，撞肘

【实战举例】

1. 敌进步，右拳冲击我胸部。我右旋身之际，左膀手格挡敌右前臂外侧。（图15–47）

图15–47

2. 动作不停，我右手伏掌压落敌右臂，同时，左肘撞击敌右侧耳根部。（图15–48）

图15–48

二十一、摊手重捶，抓发膝撞

【实战举例】

1. 敌进步，右冲拳击打我面部。我左摊手格挡敌右前臂内侧，同时，右冲拳击打敌面部。（图15–49）

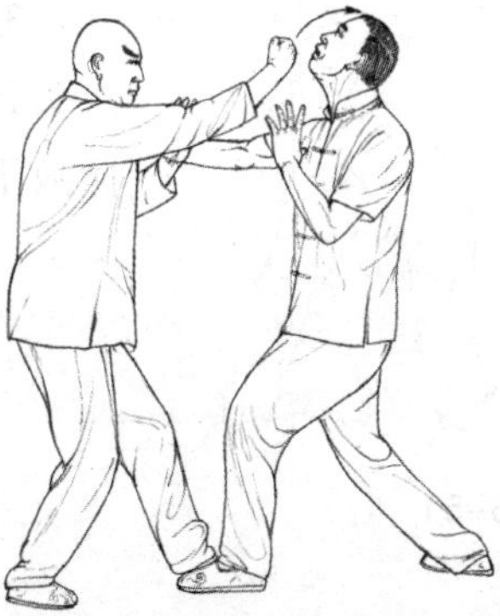

图15–49

2. 随即，我右拳伸指成掌，前按抓压敌头顶部。（图15-50）

图15-50

图15-51

3. 动作不停，我按住敌头顶下压，同时，右膝上撞敌下颌。（图15-51）

二十二、膀手，攀颈手，膝撞

【实战举例】

1. 敌进步，右劈拳击打我头部。我右旋身之际，左膀手肘尖顶击敌右肘部下侧，将敌臂阻截于半空。（图15–52）

图15–52

2. 随即，我左转体，两手前伸，攀敌头颈。（图15–53）

3. 动作不停，我双手用力将敌头颈向怀内拉拢之际，提起右膝撞击敌面部。（图15–54）

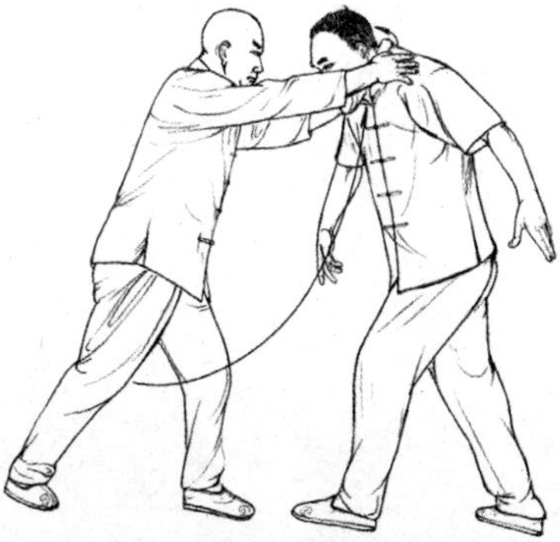

图15–53

图15–54